Beckenbauer zertritt kleine Tiere und andere Erzählungen

D1640828

Die Sisyphosse. Eine Bücherreihe

BECKENBAUER ZERTRITT KLEINE TIERE

und andere Erzählungen

■ ■ ■ ■ ■ ■ ■ ■

Herausgegeben von Michael Hametner
Jahresauswahl des MDR-Literaturwettbewerbs 2005

Gunter Gerlach // Margret Greiner // Harald Gröhler //
Martin Gülich // Silvio Huonder // Kerstin Kempker //
Johann Peter // Konrad Roenne // Daniel Schöning //
Christoph Steier // Ulrike Ulrich // Stephan Waldscheidt

Verlag Faber & Faber Leipzig

Inhalt

Michael Hametner // KLEINE FEIER EINES JUBILÄUMS

Angesichts der anhaltenden Zerstreuung und der Reizüberflutung durch die Medien sei die Kurzgeschichte doch die passende Form des Erzählens für jene Leser, die nur gelegentlich zum Buch greifen! Diese Vermutung teilte mir eine Besucherin der MDR-Literaturnacht mit und wollte zu verstehen geben, daß der Literaturwettbewerb unseres Hörfunksenders FIGARO der richtige Weg sei. Ob die Kurzgeschichte Gelegenheits-Leser aus ihrer Sackgasse führt, darf bezweifelt werden. Verlangt sie als literarische Form nicht nach geübten Lesern? Wünscht sich ihr hoher Formanspruch nicht Autoren, die nicht nur eine Geschichte »auf Lager« haben? Als der MDR-Literaturwettbewerb vor elf Jahren startete, versuchte er als literarischer Wettbewerb aufzutreten. Vermutlich maßte er sich dieses Prädikat in den ersten Jahren nur an. Dringend geboten war der Schritt des Veranstalters, nur Autoren zuzulassen, die bereits veröffentlicht haben. Erst jetzt begann die literarische Profilierung. Eine Entscheidung, die nicht wenige langjährige Einsender befremdet hat. Aber dem Wettbewerb des MDR um die beste Kurzgeschichte hat es geholfen, sich zu profilieren und (betrachtet man das Medienecho und die Zahl der Teilnehmer) zu einer literarischen Institution zu wachsen. Es gibt derzeit keinen vergleichbaren Literatur-Wettbewerb in Deutschland, der eine solch hohe Beteiligung aufweisen kann.

Wie teilnehmende Schriftsteller bestätigen, liegt ein großer Teil der Attraktivität dieses Wettbewerbs darin, daß jedes Manuskript ohne Verfassernamen – also streng anonym – der Jury vorliegt und es für den Einsender keine thematische Vorgabe einzuhalten gilt, lediglich eine Längenbegrenzung wird verlangt.

Wenn wir mit dieser Auswahl den zehnten (!) Band der Reihe »Das Beste aus dem MDR-Literaturwettbewerb« vorlegen, dann fällt die Bilanz beachtlich aus. Das Kompendium neuer deutscher Kurzgeschichten-Literatur wächst wieder um ein Heft. Es präsentiert wie seine neun Vorgänger die – nach Meinung der Jury und des Herausgebers – besten zwölf Kurzgeschichten des Jahrgangs. In diesem Jahr ausgewählt aus nahezu 2000 Texten! Eine Zahl, die Freude macht und zugleich erschreckt. Sie auferlegt der neunköpfigen Jury ein enormes Lesepensum. Schwerer wiegt die Verantwortung, die die Schriftsteller-Kollegen, Verleger, Lektoren und Literaturkritiker als Jurymitglieder übernehmen, keine noch besseren Kurzgeschichten zu übersehen. Ich hoffe, daß es gelungen ist.

Die am häufigsten gestellte Frage gilt den Maßstäben der Jury-Bewertung. Man überlegt kurz, wie sie schlüssig zu beantworten ist, findet aber nur eine Antwort: Es können keine anderen Maßstäbe sein, als jene, die als Merkmale der Form der Kurzgeschichte gelten. Freilich – wer wüßte dies in Kunstdingen nicht –, sie lassen sich so oder so ausgelegen. Je nach Literaturverständnis des Jurors. An diesem Punkt setzt bei jeder Zusammenkunft der Juroren die Debatte ein.

Vielleicht trifft es doch zu, was die wohlmeinende Ratgeberin, die ich am Anfang zitiert habe, übermitteln wollte. Vielleicht ist die Kurzgeschichte als Short story die probateste Form des Erzählens in unserer Zeit über unsere Zeit. Die probateste Form, also die geprüfteste, bewährteste, erprobteste? Die Erprobteste schon gar nicht, seit Zeitschriften als Druckort für Kurzgeschichten so gut wie ausgefallen sind. Außerdem wäre es sträflich, den großen epischen Text außer Kraft zu setzen. Nein, die Kurzgeschichte besteht im Formenkanon nicht als Appetithäppchen für den Romanmuffel. – Vielleicht lassen sich andere Gründe finden?

Kürzlich nahm ich an einer Tagung der Evangelischen Akademie Meißen teil, die unter der Überschrift stand: »In Our Time – Hemingway und der Neorealismus«. Da wurde sie aus dem Munde professoraler Seminarleiter noch einmal beschworen, die Kurzgeschichte Hemingways, und danach gefragt, ob das Erbe Hemingways für unsere Zeit einen Wert besitzt.

Hemingways Erfahrung nach dem Ersten Weltkrieg ließ fürs Schreiben keinen hohen Ton zu. Es war eine Zeit, da hatten sich die großen Ideale verflüchtigt und eine »Lost Generation« war zurückgeblieben, die heimatlos durch Europa zog und am Ende ihrer Odyssee in Paris Quartier nahm. In seinem Roman *In einem anderen Land* finden sich Spuren der Desillusionierung: »Mich verwirrten immer Worte wie heilig, ruhmreich und Opfer und der Ausdruck umsonst. Wir hatten sie manchmal im Regen stehend beinahe außer Hörweite vernommen … ich hatte nichts Heiliges gesehen und die ruhmreichen Dinge waren ohne Ruhm und die Blutopfer waren wie Schlachthöfe in Chicago, wenn das Fleisch zu nichts benutzt, sondern nur begraben wurde.«

Aus dieser Erfahrung und dem Job des Kulturkorrespondenten in Europa für eine amerikanische Zeitung, die verlangte, alles kurz zu sagen und schnell zum Wesentlichen zu kommen, entwickelte sich Hemingways Short Story. Andere Erzähler nahmen sie auf. Einen // 9 Höhepunkt erreichte die Kurzgeschichte später bei Raymond Carver. Einem Band seiner außergewöhnlichen Geschichten, die in Deutschland im Berlin-Verlag erschienen sind, widmete der Autor der Simple Storys, der Schriftsteller Ingo Schulze, ein Vorwort. Darin bekannte er sein Interesse an der Hemingway-Carverschen Erzählweise:»Innerhalb kürzester Zeit hatten D-Mark und Bundesrepublik aus dem Osten Deutschlands ein Land gemacht, das demjenigen Carvers ähnlicher war als dem seiner eigenen jüngsten Vergangenheit. Deshalb erschien mir Carvers ›traditioneller Stil‹ zur Beschreibung Ostdeutschlands nach 1989 also so geeignet. Durch ihn wurde mir die neue Welt transparenter.«
Die Erzählwelt, die Hemingway nach dem Verlust einiger Grundillusionen für sich gefunden hatte, scheint wieder wichtig geworden zu sein. Zumal, wenn der große Gesellschaftsroman zum seltenen Fundstück wird und die Kurzgeschichte wenigstens Wahrheits-Partikel anbieten kann. Aber es ist nicht nur die Parallelität historischer Ereignisse, die in Illusionsverlust und Krisengefühl mündeten, die der Kurzgeschichte à la Hemingway oder Carver heute neue Wirkung zuspielen. Für Kerstin Schimmel, die ein kleines Vorwort zur Hemingway-Tagung in Meißen verfaßte, ist die »Kunst der andeutenden Aussparung eine Errungenschaft der Moderne«. An dieser Stelle gleitet alles, was wir über die Kurzgeschichte sagen wollen, in ein Gespräch über eine hochkomplizierte und außerordentlich wirkungsmächtige Kunstform über. Dazu mag noch einmal der einsame Jäger Hemingway im Geiste zitiert werden, der die Kurzgeschichte bekanntlich mit einem Eisberg verglich, von dem das sichtbare Siebtel der Text ist. Aber die Masse der unter der Wasserfläche liegenden sechs Siebtel findet sich verteilt auf die Zwischenräume aller Zeilen. Vielleicht entsteht es so, das große Geheimnis in den besten Kurzgeschichten. Der Leser sollte niemals im Geschilderten die Ursache für ein bestimmtes Verhalten suchen. Er bekommt das Warum in den Lücken eines Textes gesagt. In den Aussparungen steht alles ganz deutlich. Deshalb muß es entfallen, zugunsten eines minimalistischen Erzählprogramms.

Diese Form, die ich anzudeuten versucht habe, macht die Kurzgeschichte zum hochartifiziellen Kunststück. Dafür braucht sein Autor viel mehr als eine »gute Geschichte«.

Warum die Kurzgeschichte zumindest ein Gesellenstück ist, haben wir nach der Erfahrung mit knapp zehntausend Kurzgeschichten in zehn Jahren MDR-Literaturwettbewerb begriffen. Trotzdem sind es junge Autorinnen und Autoren, die den Juroren Erstaunliches vorgelegt haben. Wir hatten Glück, daß die großen literarischen Begabungen unter den jungen Autoren sich durch den Wettbewerb zur Kurzgeschichte haben verführen lassen. Und vielleicht hatten sie Glück, daß sie zur rechten Zeit auf ihrem literarischen Weg auf den MDR-Literaturpreis getroffen sind. Kurz nach dem Preisgewinn erschienen sie mit erfolgreichen Büchern auf dem deutschen Buchmarkt: Franziska Gerstenberg, Katja Oskamp, Tanja Dückers und viele andere MDR-Preisträger. Im Frühjahr 2006, zur Leipziger Buchmesse, wenn dieser Auswahlband auf den Büchertisch gelegt wird, legen Preisträger unseres Wettbewerbs ihre ersten Bücher hinzu: Christine Hoba und Jörg Jacob, die beide beim Mitteldeutschen Verlag angedockt haben. Mit klopfendem Herzen blicke ich zu Clemens Meyer, dessen Roman Als wir träumten der S.Fischer Verlag als seinen Frühjahrs-Spitzentitel präsentiert. Den Roman eröffnet die Kurzgeschichte »Kinderspiele«, die 2002 auf einen Streich den Haupt- und Publikumspreis im MDR-Wettbewerb gewann: »Ich kenne einen Kinderreim. Ich summe ihn vor mich hin, wenn alles anfängt, in meinem Kopf verrückt zu spielen ...« So eröffnet die Geschichte ihre Erzählung über junge Leute, die ihr Leben gegen die Wand fahren. Aber so direkt steht es nicht im Text. In Clemens Meyers Kurzgeschichte fühlen sie sich groß und unbesiegbar. Auch wenn ihre traumartigen Flugnächte gelegentlich mit einer Landung in der Ausnüchterungszelle oder auf dem Flur des Polizeireviers Süd-Ost, mit Handschellen an die Heizung gekettet, endeten. Wirklich gekriegt hat die Polizei sie nie, erledigt haben sie sich selbst. »Bier unser, das du bist im Glase, Gott verzeih mir!«, das war Piets Spruch. In Meyers Roman trifft man ihn wieder.

Natürlich müssen Erfolgsgeschichten unserer Preisträger im Vorwort zum zehnten Band »Das Beste aus dem MDR-Literaturwettbewerb« auftauchen. Den Juroren zur Bestätigung dafür, daß sie

doch nicht allzu viel übersehen haben und den Schriftstellerinnen und Schriftstellern möge es bestätigen, daß sie ihre Manuskripte in faire Hände gelegt haben. Erzählt werden durften sie auch, weil sie den öffentlich-rechtlichen MDR, der diesen Wettbewerb ausrich- // 11
tet, ein wenig stolz machen.

Gunter Gerlach // BECKENBAUER ZERTRITT KLEINE TIERE

»Beckenbauer zertritt vor jedem wichtigen Spiel ein kleines Tier«, sagt Beckenbauer. Er sucht das Pflaster der Einkaufspassage nach etwas Passendem ab. Ballack folgt ihm. Ballack sieht nicht aus wie Michael Ballack, aber er wollte unbedingt so heißen. Er hat schwarzes Haar, aber es klebt dünn an seinem Kopf, als wäre es auf die Kopfhaut gemalt.

»Nicht mal eine Assel findet man hier«, sagt Beckenbauer.

»Wie wäre es damit?« Ich zeige auf eine Tierhandlung.

Beckenbauer grinst. »Ich sag es ja: Netzer mit einem Paß aus dem Rückraum.«

Ich habe keine Ähnlichkeit mit Günther Netzer, weder mit dem jungen noch mit dem alten Netzer. Ich habe überhaupt keine Haare mehr. Aber Beckenbauer sagt, Netzer würde eine Perücke tragen. So eine Frisur könne nur eine Perücke sein.

»Wir haben kein Geld, um Tiere zu kaufen«, sagt Ballack, als Beckenbauer die Schaufenster der Tierhandlung nach etwas absucht, das er zertreten kann.

Ich will am Eingang stehen bleiben. Aber Beckenbauer sagt, es sei kein Überfall. Ballack geht zu den Fischen, klopft mit dem Finger gegen die Aquarien. Er will, daß die Fische ihn ansehen. Ich glaube, es ist nicht gut, von Fischen angesehen zu werden. Ein Verkäufer im weißen Kittel nähert sich uns.

»Wir brauchen kleine Tiere«, sagt Beckenbauer.

»Fische?« fragt der Verkäufer.

Beckenbauer schüttelt den Kopf. »Was haben Sie noch?«

»Hamster.«

»Zu groß.«

»Mäuse?« Der Verkäufer führt uns zu einem Käfig mit weißen Mäusen. »Mäuse bringen Glück«, sagt er.

Beckenbauer zählt stumm vier Finger ab. »Drei«, sagt er, »drei genügen.«

Der Verkäufer packt die Mäuse in einen Plastikkarton mit Löchern. Beckenbauer sucht in seinem Jackett, dann sagt er: »Ich habe mein Geld im Auto gelassen.«

Wir gehen. Der Karton bleibt auf dem Tresen zurück. Ballack muß wieder rein und ihn klauen.

Beckenbauer will ein schnelles Auto. Ich kann nur Opel knacken und nur die alten. Die neuen haben Wegfahrsperren und Alarmanlagen.

Beckenbauer stößt die Luft aus. »Opel«, sagt er. »Was ist das denn?« Er hebt den Karton mit den Mäusen an ein Ohr und lauscht.

Ballack sagt, er kenne jemanden, bei dem wir einen Ford leihen könnten. Vielleicht.

»Psst!« sagt Beckenbauer. Er klopft gegen den Karton. Dann lächelt er. »Die Mäuse sagen, wir sollen ins Parkhaus gehen.«

Ich weiß, was er vorhat. »Ziemliches Risiko«, sage ich. »Und das schon bevor es losgeht.«

»Netzer«, befiehlt Beckenbauer, »sichert nach hinten ab.«

Die beiden steigen in den Fahrstuhl des Parkhauses. Ballack grinst, er zielt mit dem Finger auf mich.

Ich warte vor der Schranke der Ausfahrt bis sie kommen. Sie sitzen mit roten Gesichtern in einem silbergrauen Mercedes. Nur der Besitzer hinter dem Steuer ist blass.

Wir nennen das Verfahren »Kreisverkehr«: Ich öffne die Fahrertür und die hintere Tür, packe den Fahrer, ziehe ihn raus, stoße ihn hinten wieder rein und setze mich neben ihn. Während dessen ist Ballack vom Beifahrersitz auf den Fahrersitz geklettert und Beckenbauer von hinten nach vorn gestiegen. Alles muss schnell gehen, damit der Besitzer nicht auf den Gedanken kommt, zu schreien. Der Mann schwitzt, rutscht ein bißchen von mir weg. Ballack drückt auf die Kindersicherung, damit er nicht abhauen kann. Beckenbauer dreht sich um und richtet über die Rückenlehne seine Pistole auf ihn. Wir fahren aus der Stadt und suchen ein abgelegenes Waldstück.

Beckenbauer erzählt: »Wenn du die alten Filme von der Weltmeisterschaft siehst, kannst du es genau beobachten. Beckenbauer war damals Trainer der Nationalmannschaft.«

»Er war bloß Teamchef«, sage ich. »Er hatte keine Lizenz.«

»Scheiß drauf. Du kannst sehen, wie er aufsteht, er trampelt auf irgendetwas herum. Käfer, sage ich mal. Und dann fällt das Tor.«

Er reicht mir den Karton. »Nimm mal die Mäuse.«

Ich öffne ein wenig den Deckel. Es sind nur noch zwei.

Beckenbauer grinst mich an. »Es funktioniert: Wir haben einen Wagen.«

Wir fahren einen Feldweg entlang bis zum Wald. Der Weg ist durch einen Baumstamm versperrt. Wir steigen alle aus. Ballack nimmt dem Fahrer das Handy weg und tritt darauf. Der Fahrer zittert.

Wir lassen ihn stehen und fahren zurück. Als wir wieder auf der Bundesstraße sind, fängt Ballack an zu singen. So ein Tag, so wunderschön wie heute.

Beckenbauer erklärt mir, daß man dem Gegner in die Augen schauen muß, dann würde er klein, so klein wie ein kleines Tier.

Ballack verstummt plötzlich. »Kein Benzin«, sagt er. »Wir sitzen gleich auf dem Trockenen.«

»Da vorn kommt eine Tankstelle.«

»Wir haben kein Geld«, sagt Ballack.

»Sag bloß, du hast du dem Fahrer seine Brieftasche nicht abgenommen?«

Ballack antwortet nicht, zieht den Kopf ein.

Beckenbauer schlägt ihm in den Nacken. »Idiot, fahr rechts ran.«

Beckenbauer steigt aus, sieht zur Tankstelle hinüber. »Wir tanken ohne zu bezahlen«, sagt er. »Gib mir den Karton mit den Mäusen.«

»Warum hast du nicht voll getankt?« frage ich.

Wir parken auf der anderen Straßenseite und beobachten das Gelände des Gebrauchwagenhändlers. Durch die dunkle Scheibe seines Wohnwagens können wir nicht erkennen, ob er da ist.

»Warum hast du nicht voll getankt?« wiederhole ich.

Im Rückspiegel sehe ich, wie Ballacks Augen schmaler werden und sich seine Mundwinkel senken. Er signalisiert Überlegenheit.

»Was ist?« frage ich und boxe gegen seine Rückenlehne.

»Vor dem Spiel schlägt man sich nicht den Magen voll«, sagt Beckenbauer.

»Es geht um die entscheidenden Sekunden, die du schneller bist«, sagt Ballack. »Mit halbvollem Tank bist du einfach schneller.«

Und Beckenbauer sagt: »Das Spiel dauert immer neunzig Minuten.«

Ich stöhne. »Und vor dem Spiel ist immer nach dem Spiel.« Ich lasse mich tief in die Polster sinken und schließe die Augen.

»Achtung.«

Ich komme wieder hoch. Ein Wagen fährt auf das Gelände. Die Tür des Wohnwagens öffnet sich. Der Gebrauchtwagenhändler kommt heraus. Er sieht aus wie Ballacks Bruder. Aber ich weiß nicht, ob Ballack einen Bruder hat.

»Und der Händler bewahrt sein Geld wirklich bei seiner Mutter auf?« frage ich und winke mit beiden Händen ab. Ich will die Antwort gar nicht hören.

Aber Beckenbauer leckt sich die Lippen. »Du mußt die Spiele des Gegners analysieren, dann kennst du seine Grenzen.«

Die Mutter des Händlers wohnt in einem Einfamilienhaus. Wir parken ein Stück entfernt. Beckenbauer steigt mit dem Mäusekasten aus. »Es ist die letzte«, sagt Beckenbauer. Ich schließe die Augen und halte mir die Ohren zu bis es vorbei ist.

»Los«, sagt Beckenbauer. Er rüttelt mich. Am Kantstein schabt er die Mäusereste von der Fußsohle. Kurz vor der Einfahrt zu dem Haus, schiebt Ballack ein Hosenbein hoch, streckt Beckenbauer das Schienbein hin. »Schlag zu«, sagt er.

Beckenbauer haut ihm auf die Nase. Ballack jault. Die Nase blutet. »Du solltest auf das Bein schlagen«, jammert Ballack. Das Blut läuft ihm in den Mund.

Beckenbauer hat den Hebel vom Wagenheber in der Hand und schlägt ihm auch noch gegen das Bein.

Ballack schreit, krümmt sich. Fluchend humpelt er auf das Haus zu. Er klingelt, taumelt und fällt zu Boden. Wir folgen ihm. Eine alte Frau in einem dunklen Trainingsanzug öffnet.

»Horst?« Sie beugt sich zu Ballack herab. »Was ist mit dir?«

»Er ist gestürzt«, sagt Beckenbauer und: »Er wollte unbedingt hierher. Zu Ihnen. Wir wissen nicht warum.«

»Das ist mein Sohn Horst.« Sie tupft mit einem Papiertaschentuch das Blut in seinem Gesicht. »Wie ist das passiert?«

Ballack stöhnt. »Das Bein. Mein Bein.«

»Ich hole einen Verband.«

Als sie im Haus verschwindet, versucht Ballack, sich aufzurichten. Es geht nicht. »Scheiße, du hast mir das Bein gebrochen.«

»Blödsinn«, sagt Beckenbauer. »Ich gehe jetzt zur Hintertür.« Er hat die Hebelstange vom Wagenheber im Ärmel.

Ich helfe Ballack, sich mit dem Oberkörper gegen die Hausmauer zu lehnen. Die Frau kommt wieder und hat einen kleinen Verbandskoffer dabei. Ich stelle mich so, daß die Frau Beckenbauer nicht sehen kann. Er kommt hinter dem Haus hervor, hat die Kassette unter dem Arm und schleicht sich zum Auto zurück.

Ballack jammert. Das Bein sieht nicht gut aus. Er schreit bei jeder Bewegung. Er kann wirklich nicht mehr aufstehen.

»Ich hole mal mein Handy aus dem Auto«, sage ich.

»Ich hab schon telefoniert«, sagt die Frau.

»Trotzdem«, sage ich und gehe.

Beckenbauer sitzt hinterm Steuer, wartet auf mich. Er klappt die Kassette auf, damit ich einen Blick auf die Geldbündel werfen kann.

»Du hast ihm wirklich das Bein gebrochen«, sage ich.

»Der kommt schon zu recht. Wir holen ihn später.« Er startet den Motor.

Ich schiebe die Kassette unter den Sitz. »Warum habt ihr mir nicht gesagt, daß es sein Bruder und seine Mutter ist?«

»Hättest du dann mitgemacht?«

Ein Krankenwagen hält vor uns. Beckenbauer will rückwärts fahren. Ein Polizeiwagen hält hinter uns.

»Scheiße«, sagt Beckenbauer, »keine Mäuse mehr.«

Ein Polizist steigt aus. Er ist klein und ziemlich dick. Schwarze Locken fallen ihm in die Stirn. Er setzt sich seine Mütze auf und kommt auf uns zu.

»Maradona!« sagt Beckenbauer. »Es ist Maradona!«

Er sinkt in seinem Sitz zusammen. Der Polizist sieht tatsächlich aus wie der junge Maradona. Damals bei der Weltmeisterschaft 1986. Das Endspiel gegen Argentinien haben wir 2 zu 3 verloren.

»Diego Armando Maradona«, flüstert Beckenbauer, »die Hand Gottes.«

Wir haben verloren.

Margret Greiner // MASOLINOS STEINE

Jedes Jahr fuhr Adalbert Simon, Kunsthistoriker an der Humboldt-Universität in Berlin, in den Semesterferien nach Florenz.
Jedes Jahr ging er in die Brancacci-Kapelle in der Kirche Santa
Maria del Carmine am Ufer des Arno. Er betrachtete die einzigar-
tigen Fresken Masaccios, Masolinos und Filippino Lippis. Und
jedes Jahr vertiefte er sich in ein Detail, für das er keine Erklärung
fand. Auf dem Fresko »Die Heilung der Lahmen und die Aufer-
weckung der Tabita«, das Masolini zugeschrieben wird, ist in der
Mitte zwischen den biblischen Wunderheilungen des Apostel Petrus ein Florentiner Platz abgebildet, gesäumt von Bürgerhäusern
und einer Patrizier-Loggia. Auf diesem Platz aber liegen große und
kleine Kieselsteine, Steine wie Fremdkörper, Steine ohne ersicht-
liche Funktion.
War alles andere in der narrativen Ausgestaltung des Bildes dazu
angetan, die Normalität florentinischen Alltags im Quattrocento
zu berufen: die eleganten Personen in der Bildmitte, der Baustil der
Häuser, ein Vogelkäfig im Fenster, Affen auf Gesimsen, Tücher und
Krüge und neugierige Fenstergucker– die Steine paßten nicht ins
ikonographische Programm. Sie waren falsch.
Natürlich kannte Simon die einschlägige Literatur seiner Kollegen
Procacci, Baldini, Parronchi, Cassaza und vieler anderer. Die gän-
gige Erklärung, die Schatten der Steine verlängerten die Raumtiefe,
befriedigte ihn keineswegs. Ein Raum, der so klassisch durch die
Zentralperspektive konturiert war, bedurfte keiner schattenwer-
fenden Steine.
Die Steine waren verschieden groß, verschieden farbig, von Grau
ins Erdfarbene spielend. Manche waren, wie Simon in langem Betrachten festgestellt hatte, marmoriert wie Ostereier, die man mit
Batikfarben behandelt.

Simon zählte immer wieder die Steine. Das Zählen war nicht leicht,
weil sich das Bild in der zweiten Galerie weit über Augenhöhe befand, was weniger ein sinnendes Betrachten als ein Nackenschmerz
begünstigendes Starren förderte.
Waren es 29 oder 30 Steine? Konnte man eine kabbalistische Zah-
lenmystik vermuten?

Die Personen auf den Bildern sind barfüßig, sofern man der Füße ansichtig wird. An erster Stelle steht natürlich Petrus. Ein Heiliger braucht kein Schuhwerk, ein wandernder und wunderwirkender Fischer bleibt immer »natura«, auch wenn er die Naturgesetze aufhebt und Lahme und Tote zum Gehen und Leben erweckt. Die zwei florentinischen Adeligen, die in die Mitte des Bildes und in die Mitte der beiden Wunder positioniert sind, elegant gekleidet und mit nonchalant unterschlagenen Armen, verbreiten die Aura der Reichen, Schönen und Erfolgreichen. Sie tragen so dünne Schuhe, daß diese wie eine nahtlose Verlängerung der Strümpfe aussehen. (Simon hatte diese Schuhe in einem Aufsatz die »Ballettschuhe der Renaissance« genannt. Kollege Behrens von der Universität Heidelberg hatte den Terminus als »feuilletonistisch« abqualifiziert.) Die noblen Herren gehen leichtfüßig beschwingt ihren Weg. Kein Fuß stößt an einen spitzen Stein. Petrus geht nicht. Er steht wie ein Fels, einmal rechts beim Lahmen, einmal links bei Tabita. Niemand legt den Herren Steine in den Weg bei ihren weltlichen und heiligen Geschäften. Die Steine liegen da. »Wie Manna vom Himmel gefallen«, befand Simon.

Simon ging durch Florenz gesenkten Hauptes, um herauszufinden, ob es auf den Plätzen der modernen Stadt Steine gab. Es gab keine. Das allein mochte nicht als Beweis dafür dienen, daß vor fünfhundert Jahren, lange vor der Asphaltierung von Straßen und Plätzen, Florenz eine steinlose Stadt gewesen war. Steine konnten am Wegesrand liegen. Sie konnten von Fuhrwerken gefallen, aus bröckelnden Mauern gebrochen sein. Aber Masolinis Steine waren nicht »nach der Natur« gemalt, nicht mimetisch. Sie lagen auf der Piazza in einer deutlich komponierten Anordnung. Simon gebrauchte dafür gern den Ausdruck »mineralogische Choreographie«. (Das hatte bisher noch keiner seiner Kollegen so gesehen, geschweige so formuliert.) Sie mußten symbolisch aufgeladen sein. Aber womit aufgeladen?

Simon saß in einem Café am Ufer des Arno. Das Wetter war heiß und feucht, wie immer im August in Florenz. Die Touristenmassen waren unerträglich. Das Geschnatter der jungen Japaner an den Nebentischen trieb ihn in dumpfe Gewaltphantasien. Es kam ihn die Lust an, Murmeln aus der Tasche zu ziehen und damit die Cappuccino-Tassen am Nachbartisch zu bewerfen. Als Kind hatte er nämlich zum Bedauern seiner Mutter nicht mit Murmeln gespielt, sondern sie als Waffe genutzt. Einmal hatte er sogar auf das geöffnete Tintenfass seines Lateinlehrers gezielt. Sein Schuß war äußerst erfolgreich gewesen und hatte ihm reichlich Verdruß eingebracht.

Natürlich hatte er keine Murmeln in der Jackentasche, nur ein paar Münzen für die allfälligen Trinkgelder.

Ein paar Tage zuvor hatte er lange vor der Öffnungszeit am Eingang von Maria del Carmine gestanden in der Hoffnung, die Fresken wenigstens paar Minuten lang für sich zu haben und nicht mit plappernden, hirnlosen Pauschaltouristen teilen zu müssen, die keine Ahnung von der Malerei des Quattrocento und die Namen Masaccio und Masolino noch nie gehört hatten. Allenfalls Filippo Lippi, weil in jedem Reiseführer stand, daß der abtrünnige Mönch eine Nonne geliebt hatte, die ihm Modell für seine Marienbilder gestanden hatte. Dabei stammten die Brancacci-Fresken von seinem Sohn Filippino.

Außer ihm hatte es noch eine frühe Besucherin gegeben, eine junge Frau, die in der kleinen Kapelle im Baedeker las und immer nur kurz aufschaute, um das Gesehene mit dem Gelesenen in Einklang zu bringen. Als sie beim fraglichen Bild angekommen war, hatte Adalbert Simon sich nicht enthalten können zu fragen »Wozu sind die Steine da?«

Erst hatte sie ihn angeschaut. Dann das Bild. Und dann hatte sie mit einer Ernsthaftigkeit, als hätte sie den Stein der Weisen gefunden gesagt: »Ich glaube, mit diesen Steinen wurde Boccia gespielt.«

Simon verließ das Café am Arno, erfüllt von der jährlich wiederkehrenden Verzweiflung an Masolinos Steinen. Es gab Augenblicke, in denen er bereit war, ihnen eine rein dekorative Funktion zuzusprechen, so wie dem Vogelkäfig im Hintergrund. Die Piazza als Bühnenraum. Die Steine als Requisiten, die ein Inspizient nach der Vorstellung vergessen hatte, von der Bühne zu räumen.

Aber er wußte, daß er eine solche Banalisierung der Steine nicht ertragen konnte. Sie ihres mystischen Kerns zu berauben, hieße, die Kunstgeschichte zu einer Geschichte technischer Produktionsverfahren zu nivellieren. Wo bleibt der Geist?

Simon ging über den Ponte alla Carraia über den Arno, überquerte die Piazza Goldoni und schlug die Richtung ein zur Piazza S. Trinita. Die Sonne stand im Zenit. Im kleinen Verbindungssträßchen zwischen der Via Purgatorio und der Via Parioncino traf ihn ein

Stein an der Schläfe. Simon knickte mit den Beinen ein, fiel auf das glatte Pflaster, nahm wie durch eine Nebelwand wahr, wie Hände sich an seinen Jackentaschen zu schaffen machten. Seine Augen verdrehten sich in unumstößlicher Gewißheit: Das war ein Stein von Masolino.

Harald Gröhler // SCHOKOLADE VON UNBEKANNTEN

Mich bringt Ferdy auf Trab. Ferdy, der Dreißigjährige, der schon länger im Prenzlauer Berg schmort und lebt, gibt mir einen Tipp. Mehr hat er nicht gemacht, und in den brenzligen Minuten war er gerade nicht mit dabei. In die fremde Wohnung bin ich eingedrungen; um eine Bagatelle handelt es sich trotzdem nur, denn andere haben vorher an der Tür die Schloßmaske zu Dreivierteln abgeschraubt, die Maske baumelt. Ich brauche bloß noch eine Kombizange, und mit der muß ich den jetzt vorstehenden Vierkant sehr fest anpacken – und drehen –: auf der Klinken-Seite des Vierkantdrückerdorns beabsichtige ich die nächsten Tage zu leben. Ist das soeben schon Einbruch gewesen? Ich denke, unser Strafgesetzbuch differenziert hier nicht genug.

Ferdy kennt sich in den querflügeligen Mietshäusern im Osten Berlins aus. Er blickt sich neben mir in der geöffneten Wohnung um. Ferdy sagt zu mir: »Du darfst nicht gehen in der Wohnung, denn unten –«

»›Nicht gehen‹, bitte? Spinnst du?«

»Die Oma drunter, – die soll nichts spannen.«

»Daß sie nicht die Polizei anmacht?«

»Die alte Hippe ist eben so. Die ist fertig. Ist verkorkst.«

»… Wie aber in einer Wohnung leben, tagelang, ohne zu laufen?« Lerne ich fliegen? Klettere ich über Möbel herum? Klettern ist nicht Gehen.

Ein ungleich breit umrandetes Paßfoto. Also ein noch unbeschnittenes, in einem Stapel viel herumgeschleppter Behördenzettel, zeigt dem Ferdy und mir einen mutmaßlichen Mieter mit sehr kurz gehaltenen und wohl am Nacken ausrasierten Haaren. Schmale Augenschlitze, verflixt; mit diesem zielstrebig-harten Mitzwanziger werde ich's doch nicht zu tun bekommen?

Und am Kopfende des sündig-breiten, mitten ins Zimmer gestellten Matratzenlagers lockt angebrochene Schokolade, das köstlichste Tobleronegebirge, mindestens achtundsiebzig Gramm noch und nur wenig angestaubt. Unten aus Großmutters Reich hören wir beide und ich noch die nächsten Stunden souveräne Stimmen: da ist viel los. Ach nein, es ist nur eine Stimmenmaschine. Viel los. … I wo, nicht das Geringste ereignet sich im Fernsehen, die Oma hört nur schwer. Hört schlecht? Das sollte doch obendrein mir zugute kommen?

Ferdy braucht ein Stück Stoff – ich gebe es ihm –, und er wischt die

innere Klinke der geknackten Türe ab. Auch einen Aktbildband und alles andere, das er betastet hat, wischt er ab, denn er sieht, wie ich mit meinen Arbeitshandschuhen hcrumgehe.

»Verdammt, Ferdy. Ich hab die Handschuh' nur an, weil ich mich ein bißchen ekle. Fremden, alten Stinkestaub …«

»Ja, ja.«

Zu überzeugen scheine ich ihn nicht gerade, er poliert weiter. Er wischt sogar noch mehr ab, als er betatscht hat, muß zum Abwischen dies und das festhalten – Zeichenblockblätter, Stuhllehne – und hinterläßt wieder neue Fingerabdrücke, zumal er schwitzt. Er schwitzt, denn ihm wird mulmig: Er könnte, so erkläre ich es mir, vielleicht wegen Einbruchs vor den Kadi kommen. Soll sich doch alles gegen mich richten, einzig meine Abdrücke sollen übrigbleiben. Was wischt er überhaupt, der Philister; hält er sich doch nur zehn Minuten in der Wohnung auf, und ich werde mich noch tagelang aufhalten.

Auch ich sorge deshalb vor, auf meine Weise. Neben mein Schlaflager deponiere ich – gut sichtbar – ein handtellergroßes Heft. Das Johannesevangelium, einen Auszug aus der Bibel; ich lege es auf eins der leichten Hantelgewichte. Da muß doch der ungut blikkende Mieter, wenn er herkommen sollte, merken, daß ich zu den Harmlosen gehöre.

Ich säubere nach der ersten, harten Nacht mein Reisekopfkißchen, das Tunssebettel mit dem Reisehenkel; auf der Auflageseite ist von der Nacht her alles voller grauer, kurzer Härchen. Aha, Katzenhaaren. Seltsam, daß ich da gut habe schlafen können und nicht die Nacht durch nieste. Zwei Minuten später fange ich schrecklich zu niesen an, und ich niese heute noch.

Nachts schlafe ich nicht mehr auf dem Matratzenlager, sondern auf dem platten Dielenfußboden daneben, in meinem Schlafsack. Damit der rechtmäßige Mieter schon daran sieht, ich will nichts und bin nur aus Wohnungsnot ein Einbrecherlein geworden. Freilich fand ich auch gleich am ersten Tag den abgeschnittenen Zehennagel auf der Zudecke.

Der rechtmäßige Mieter ist seit vier Monaten nicht mehr hier gewesen, dieser Mensch, der Freudenheim heißt und bei dem ich

mich nun doch mehr ausbreite; ein datierter Benachrichtigungs-
zettel des Zählermonteurs Energieversorgung Berlin klemmt in
der Briefklappe der Tür, und daran erkenne ich die vier Monate.
Wohl hat der Mieter an seine Wohnungstür einen Schnipsel Papier
angespießt, Diese Wohnung gehört noch immer mir und bezahle
für sie auch Miete; das wird aber eine Finte sein. Ich lese es nie
mehr durch.
Immerhin, an der fremden Wohnungstür wage ich nichts umzu-
bauen; und so laufe ich nur mit der Kombizange in der Hosentasche herum. Bequem ist das nicht, es beult die Hosentasche. Wer
vermutet darin eine Kombizange! ... Ewig das klobige Ding bei
mir. Etwas anderes bleibt mir nicht übrig. Ich könnte mir sonst
höchstens aussuchen, die Freudenheimsche Wohnungstür anzu-
lehnen. Zuziehen dürfte ich die nicht; ich käme nicht mehr hinein,
es gibt hier insgesamt nur die eine Kombizange, die von Ferdy.
Also schleppe ich sie besser mit. Mehrere Kollegen haben mich
schon gefragt: meine Hose, was die so beulig da sei? Noch mehr
schielen hin, blicken mich komisch an.
Das nächste Mal, das ich wegging, zog ich die Wohnungstür halb
zu – sagenhaft leichtsinnig –, so daß die Falle des Schlosses auf dem
gegenüberliegenden Schließblech des Rahmens nur wacklig aufsaß,
und mir war die Kombizange egal; ich konnte die jetzt nicht brauchen. Das leistete ich mir auch nur, weil ich einmal alles wurstig
nahm. Weil ich einmal guter Dinge war. Die Tür schnappte in den
folgenden drei Stunden nicht ganz zu. Dafür wurde sie aufge-
blasen; Windzug ist fast immer in dem Treppenhaus, das ab dem
dritten Stock ramponiert ist. Und viele Leute schieben sich hier
herum; so wie ich selber gern herumspioniere. Übermütig, pfei-
fend, optimistisch komme ich zurück, und da spielen in der Freu-
denheimschen Wohnung, bei sperrangelweit aufstehender Türe,
zwei Drücker mit noch einem Mann Karten. Abonnementsver-
käufer tauchen jetzt öfter hier auf. Ich kenne noch nicht einmal ihr
Kartenspiel, geschweige denn sie selber. Gott sei Dank sind es nicht
allzu Bösartige, und sie räumen die Wohnung endlich wieder ...
nachdem ich mich zu einem Berlinerzeitungsabo bereitgefunden
und ich meinen Servus irgendwohin geschrieben hatte.
Immer, wenn ich hier bin, muß ich auf die Schokolade lugen, mit
jedesmal mehr Spucke im Mund. Und je mehr Tage ich sie be-
trachte, um so weniger staubig erscheint sie mir.

Eines Abends erscheint Ferdy, dicht gefolgt von seiner Derzeitigen, einer hochgewachsenen und offensichtlich kleinbusigen Model-Type; sie kommen vom Dachboden her zu mir heruntergehechtet, vom Boden, den man von zwei Seiten aus betreten kann; in Altberlin gibt es das oft so. Ferdy ist unglaublich aufgeregt.

»Ich hab«, sagt er, »von uns oben den Freudenheim grade unten herauskommen sehen, mit noch wem anders.«

»Hast du den also erkannt. Nach dem mutmaßlichen Paßbildchen?«

»Ja.«

… Ich hatte eine Viertelstunde vorher jemanden die Treppe heraufstiefeln hören und mit jemandem zweiten reden hören und hatte dann gedacht: Ferdy! Ich war schon zur Tür getrabt – da hörte ich auch gleichzeitig Schlüssel gehen. Ferdy, dachte ich messerscharf, hat keinen Schlüssel und kann folglich nicht zu schließen anfangen. Jetzt hieß es, für mich Nerven zu behalten; es war einer der spannenden Momente meines unruhigen, neumodischen Lebens, in dem ich mich von angestammten Routineplätzen davongemacht, gute Beziehungen gekappt, Sicherheiten aufgekündigt, die Familie und mein Dasein in ihrem warmen Schoße auf temperaturlose Telefoneinheiten heruntergestuft hatte. Nerven bewahren, hieß es für mich, und ich zog bereits von innen her die Tür auf. Damit war nun der andere Mensch, auf der Treppenhausseite, gefordert. Eine Tür, die, obwohl verschlossen, ungewollt von allein zurückweicht, und noch dazu die eigene Tür, die sich eine Sekunde eher öffnet, vorzeitig!

Er war sein Paßfoto, und dünn, groß. Und kleiner und dünner war ein zweiter hinter ihm. Ich zog unwillkürlich die Stirne kraus (das wurde mir später gesagt).

»Ah Sie sind –«

»O ja der Freudenheim. Ganz genau.«

»Der Wohnungsbesitzer. Ich bin –«

»Schweinebande! Da muß ich nicht lange –«

In diesen Augenblicken stand alles auf der Kippe, ich sah die Kopfhaltung des Mannes – den Blick kehrte er nicht einen Moment ab –, ich sah ihn, der im Recht war, aggressiv sich schon verwandeln, während der hinter ihm Stehende noch nichts begriffen hatte; und wie es weiterging, so oder so, war offen. Ich dachte, unglaublich kurz, vor allem aber sinnlos, an die Sitte des Geldausstreuens aus Hochzeitswagen nach einer Trauung.

»Ich bin nämlich«, sagte ich, »der künftige Mieter von der Wohnung gegenüber; bloß kann ich in die jetzt noch nicht'rein«, und er // 25 solle bitte entschuldigen. So bekam ich den Herrn Freudenheim dann doch auf meine Seite. Entsprach ja auch der Wahrheit, nur das letzte nicht, als ich sagte, »Ihre Tür war effektiv offen gewesen. Ich kam aus Versehn dagegen, da kollerte ich rückwärts in Ihren Flur hinein.«

»Ist ja doll. Stand die auf. Verdammt.«

Freudenheim war mit einem schwarzhaarigen, kauenden, dabei keineswegs vollgefressenen, sondern schmächtigen, folglich Kaugummi hin und her wälzenden Mann angekommen. Ihm wollte er seine eingerichtete Wohnung untervermieten, in dieser unkomplizierten, flotten Weise von Prenzlauer Berg. Zu mir sagte er, ich könne hier noch bleiben, ein, zwei Tage; und damit war er gewiß netter als ich, der bei ihm eingebrochen war. Für die restliche Zeit brauchte ich nicht mehr über die Möbel zu fliegen.

Martin Gülich // K O G L E R

... war schon einmal beim Skifahren eingeschlafen. Er hielt dies für ein nennenswertes Ereignis. Schließlich gab es ganz sicher nicht viele, denen ähnliches widerfahren war. Kogler gab seine Geschichte bei jeder Gelegenheit zum Besten, aber kaum einer schien sich dafür zu interessieren. Nur einmal war alles anders. Er erzählte sein Erlebnis einer Frau, die zufällig im Zoo neben ihm auf einer Bank saß. Vor dem Tigerhaus. Zu seiner eigenen Verwunderung folgte sie seiner Geschichte bis zum Schluß. Da hätte aber auch ganz schön was passieren können, sagte sie. Nun ja, erwiderte Kogler und rückte ein wenig verlegen seine Brille zurecht, um ehrlich zu sein, habe es sich nur um einen sehr kurzen Augenblick gehandelt. Ein Sekundenschlaf sozusagen. Die Frau schloß die Augen und richtete ihr Gesicht in die Sonne. Nur keine falsche Bescheidenheit, sagte sie, sie könne noch nicht einmal im Wachzustand Ski fahren. Nachdem die Frau mit Kogler zwei Gläser Wein in der Gaststätte des Zoologischen Gartens getrunken hatte, gestand sie ihm, daß sie an Männern das Außergewöhnliche liebe. Später hakte sie sich unter und ging mit ihm mit. Allerdings bestand sie darauf, sich nicht auszuziehen und auf dem Sofa zu schlafen. Kogler wollte nicht drängeln. Er verzog sich diskret in sein Schlafzimmer. Als er in der Nacht aufwachte, hörte er die Frau leise singen. Er stand auf, griff nach seiner Brille und öffnete die Tür einen schmalen Spalt. Sie saß in Unterwäsche auf dem Sofa und blätterte in seinem Tierbuch. Koglers Blick haftete an ihren Brüsten, die voll in einem schwarzen Büstenhalter ruhten. Plötzlich schaute die Frau von ihrem Buch auf und sah direkt in seine Richtung. Sie hörte auf zu singen. Wußten sie schon, sagte sie, daß es in Afrika keine Tiger gibt? Kogler nickte. Singen sie ruhig weiter, sagte er, sie singen sehr schön. Er ging zurück ins Bett und onanierte in seine Pyjamahose. Als er am Morgen aufstand, hatte die Frau bereits das Frühstück gerichtet. Sogar frische Brötchen waren auf dem Tisch. Ich habe ihren Schlüssel genommen, sagte sie. Kogler setzte sich. Werden sie bleiben, fragte er. Vielleicht, erwiderte die Frau, aber das ist kein Versprechen.
Die Frau blieb zwei Wochen. Dann sagte sie zu Kogler, sie habe sich getäuscht. Er sei doch nicht so außergewöhnlich, wie sie ge-

dacht habe. Kogler, der insgeheim schon an einem Heiratsantrag gearbeitet hatte, sah sie ungläubig an. Aber er habe ihr doch noch gar nicht all seine Vorzüge zeigen können. Er sei zum Beispiel ein ausgezeichneter Schwimmer. Zudem habe er großen Erfolg im Beruf. Erst vor zwei Monaten sei er befördert worden. Er sei jetzt Bezirksleiter Oberrhein, mit Aussicht auf ganz Baden-Württemberg. Er werde alles für sie tun. Er werde sich krummlegen, wenn sie nur bleibe. Aber die Frau wollte von alldem nichts hören. Sie sammelte ihre wenigen Sachen zusammen, die sie im Laufe der zwei Wochen in Koglers Wohnung verstreut hatte. Im Übrigen, sagte sie, halte er auch im Bett nicht, was ein Mann seines Alters verspreche. Kogler schüttelte ungläubig den Kopf. Aber sie habe doch die ganzen zwei Wochen auf dem Sofa geschlafen. Eben, erwiderte die Frau, kein einziges Mal habe er versucht, sie in sein Schlafzimmer zu bekommen. Recht besehen, sei er wahrscheinlich impotent. Kogler, der sich zwischenzeitlich auf die Kante des Sofas gesetzt hatte, sprang auf. Das bin ich nicht, brüllte er. Wenn sie wolle, habe er in zwei Minuten eine 1A-Erektion. Eine Erektion, an die sie sich ihr ganzes Leben lang erinnern werde. Die Frau lachte. Das wolle sie lieber nicht tun, sagte sie. Das einzige, was sie wolle, sei, nun zu gehen. Sie nahm ihre Tasche, aber Kogler stellte sich ihr in den Weg. Bitte, sagte er. Die Frau schüttelte den Kopf. Vielleicht sehen wir uns ja mal wieder, sagte sie, in einem anderen Leben. Sie wischte Kogler zur Seite und war aus der Tür, noch bevor er irgendein Wort des Abschieds sagen konnte. Er hörte, wie ihre Schritte im Treppenhaus Stockwerk um Stockwerk verhallten. Schließlich das alles besiegelnde Fallen der Haustür ins Schloß. Kogler ließ sich zurück auf die Kante des Sofas sinken. Er dachte daran, wie ein anderes Leben aussehen könnte. Ein Haus im Grünen, Angeln am See, eine Reise nach Sizilien. Mehr fiel ihm nicht ein.

Kogler wartete drei Tage. Dann ging er wieder in den Zoo. Er lief direkt zum Tigerhaus, aber die Frau war nicht da. Dabei hatte er sich alles genau zurechtgelegt. Eine kleine Ansprache, in deren Verlauf er ihr gestenreich ihren schroffen Abgang verzeihen wollte. Vergangenes sei vergangen, die Zukunft beginne hier und jetzt. Zu diesem Satz, so hatte es sich Kogler ausgedacht, wollte er nach ihrer Hand greifen. In seiner Jackettasche hatte er ein kleines Geschenk. Ein Silberreif, den er über Stunden in einem Juweliergeschäft ausgesucht hatte. Nur Mut, hatte der Juwelier gesagt und

ihm freundschaftlich auf die Schulter geklopft, irgendwann steht
jeder mal auf der Sonnenseite. Kogler suchte den ganzen Zoo ab,
aber er konnte die Frau nirgends finden. Vor dem Zebragehege

setzte er sich auf eine Bank. Kogler betrachtete die Tiere. Erst
fraßen sie. Dann versuchte ein Hengst eine Stute zu bespringen.
Die Stute keilte aus und biß um sich. Das geht schief, dachte Kogler, aber dann ließ die Stute den Hengst doch gewähren. Nachdem
die Zebras ihren Akt beendet hatten, fraßen sie weiter, als wäre
nichts geschehen. Kogler lehnte sich zurück und schloß die Augen.
Mit der Hand tastete er nach dem Silberreif in seiner Jackettasche.
Er dachte daran, wie schön ein Leben als Zebra wäre. So schlief
Kogler ein. Als er wieder aufwachte, lag er auf der Seite. Rings um
ihn herum war es dunkel. Schemenhaft lag das Zebragehege vor
ihm. Er spürte, wie der Reif in seiner Tasche gegen seine Rippen
drückte. Kogler richtete sich auf. Ihm fröstelte. Im Gehege vor ihm
schnaufte ein Zebra. Kogler nahm den Reif aus seiner Tasche.
Schon im Herausnehmen merkte er, daß er ihn krummgelegen
hatte. Der Juwelier wollte ihn am nächsten Tag nicht zurückneh-
men. Das Ding, sagte er, ist hin. Und außerdem könne Kogler nicht
ihn dafür verantwortlich machen, daß er nicht gelandet sei.
Schließlich sei der Reif erste Güte. Aber sie ist ja gar nicht gekommen, erwiderte Kogler. Das, sagte der Juwelier, sei ihm einerlei.
Auf dem Nachhauseweg ging Kogler in einen Supermarkt. An der
Kasse entdeckte er die Frau aus dem Zoo. Sie kassierte und war ein
bißchen aufgedonnert. Kogler spürte, wie seine Beine anfingen zu
zittern. Als ihn die Frau in der Schlange der wartenden Kunden
entdeckte, hielt sie einen Augenblick inne. Kogler versuchte ihr zu-
zulächeln, aber die Frau wandte sich sofort wieder den Waren auf
dem Kassenband zu. Einmal vertippte sie sich und mußte Storno
in ihr Kassenmikrofon rufen. Durch die Lautsprecheranlage des
Supermarktes klang Kogler ihre Stimme seltsam fremd. So, als hätten sie nie die Wohnung miteinander geteilt. Als Kogler an der
Reihe war, zog er den Armreif aus der Tasche und hielt ihn der Frau
hin. Für sie, sagte er, er ist ein bißchen krumm, ich habe bei den Zebras geschlafen. Gehen sie, sagte die Frau. Bitte, sagte Kogler, ich
kann ihn nicht zurückgeben. In der Schlange hinter ihm regte sich
erstes Murren. Ein Mann rief: Ja wo sind wir denn? Die poussie-
ren nur, sagte ein anderer, das ist gleich vorbei. Die Frau an der
Kasse blickte fahrig um sich. Also gut, zischte sie, aber dann gehen

sie. Sie nahm den Reif und ließ ihn in ihrer Kitteltasche ver-
schwinden. Kommen sie doch nach Hause, sagte Kogler.

Am Abend wartete er vergeblich. Vorsorglich hatte er das Bett
frisch bezogen. Aber am Ende schlief er doch wieder alleine. Mitten in der Nacht wachte Kogler auf. Ihm war, als hätte jemand gesungen. Aber alles um ihn herum war still. Er stand auf und holte
sich sein Tierbuch aus dem Wohnzimmer. Zurück im Bett blätterte
er darin. Als er zu den Tigern kam, entdeckte er, daß die Frau mit
einem Filzstift in seinem Buch herumgeschmiert hatte. Sie hatte
einem der Tiger eine Brille aufgemalt. Ein Modell, wie er eines
trug. Der Tiger schlief. Daneben hatte die Frau geschrieben: Ein
schlafender Tiger. Kogler sah sich das Bild lange an. Er lächelte.
Das Bild zeigte noch einen zweiten Tiger, der seinen Kopf auf den
Bauch des ersten bettete. Auch er schien zu schlafen. Kogler stand
auf und kramte einen Filzstift aus seiner Schreibtischschublade
hervor. Damit malte er dem zweiten Tiger einen Reif um die linke
Vorderpfote. Unter das Bild schrieb er: Ein Liebespaar. Irgendwann, kamen ihm die Worte des Juweliers in den Sinn, steht jeder
mal auf der Sonnenseite. Dann löschte Kogler das Licht.

Silvio Huonder // T O B I

Es fiel ihm ein, als er zur Haltestelle kam und die anderen Schüler auf den Bus warten sah: Die Mütze! Er hatte seine Mütze vergessen. Das war nicht das erste Mal. So konnte er nicht nach Hause, das wußte er gleich. Nicht nur, weil die Mütze von seiner Mutter gestrickt war. Sie machte viele seiner Kleider selbst, schließlich war sie Schneiderin. Aber heute morgen hatte sie ihm gesagt: Tobi, es ist Winter und es ist kalt und deshalb ziehst du die Mütze an und fertig, und vergiß sie nicht wieder, du bist jetzt in der zweiten Klasse.

Er rannte zurück, aber die Türe der Turnhalle war bereits geschlossen. Das Auto der Lehrerin stand nicht mehr an seinem Platz; auch der Schulwart war nirgends zu sehen. Als er wieder zur Haltestelle kam, sah er gerade noch, wie der Bus weg fuhr.

Es war ihm egal. Er wartete nicht auf den nächsten Bus, sondern ging zu Fuß nach Hause. Er hatte keine Eile. Seine Mutter würde sowieso schlecht gelaunt sein wegen der Mütze. Tobi fror nie, deshalb vergaß er auch dauernd seine Sachen. Mützen, Schals, Handschuhe, Jacken, Pullis. Oft fanden sie sich am nächsten Tag wieder, manchmal erst eine Woche später, und bisweilen blieben sie auch für immer verschwunden. Tobi trat ein Stück Eis vor sich her, immer den Hausmauern entlang. Die handgroße Scholle schlitterte über den vereisten und mit Sand bestreuten Gehsteig und prallte von Eingangsstufen und Fahrradständern ab, aber er verlor sie nicht. Er trat sie immer genau so weit voraus, dass er sie erwischte, ohne einen Zwischenschritt machen zu müssen. Die Eisscholle war zwei Finger dick und klar wie Glas. Beim Überqueren einer Seitenstrasse trat er sie so lange gegen die Bordsteinkante, bis sie über den gefrorenen Schnee wieder auf den Gehsteig rutschte. Für den Heimweg, den der Bus normalerweise in ein paar Minuten zurück legte, brauchte Tobi an diesem Tag mehr als eine halbe Stunde.

Bevor er die Haustüre mit seinem Schlüssel aufschloß, blieb er davor stehen und lauschte einen Augenblick lang. Dann schloß er auf, drückte die schwere Türe nach innen, schlüpfte hinein und rannte das Treppenhaus hoch, eilig, als wäre jemand hinter ihm her. Hastig öffnete er mit seinem Wohnungsschlüssel und verschwand im Flur. Den Schulranzen ließ er bei den Schuhen liegen, die Jacke hängte er im Flur auf. Bis morgen früh würde sie nicht merken, daß er die Mütze vergessen hatte.

Hallo?, rief er, bekam aber keine Antwort. Die Mutter war nicht in der Küche, auch nicht im Bad. Mama? Die Tür ihres Arbeitszimmers stand offen. Er sah die Wandregale mit den bunten Textilballen, den Arbeitstisch, der mit einem Wirrwarr aus Stoffbahnen, Schnittmustern, Scheren und Maßleisten überladen war, den fahrbaren Garderobenständer, an dem die Kleiderbügel klapperten, wenn Tobi ihn durchs Zimmer schob. Wie eine kleine Familie standen die drei Schneiderpuppen beieinander: Mann, Frau und Kind. Genau wie Tobis eigene Familie, als sein Vater noch hier wohnte. Es war still im Nähzimmer. Als er die Tür ganz aufstieß, sah er seine Mutter. Sie saß mit dem Gesicht zur Wand, den Kopf gesenkt, die Hände in den Schoß gelegt. Tobi sah sie dort sitzen und wußte, was los war. Er ging in sein eigenes Zimmer und zog leise die Tür hinter sich zu.

Es geschah in unregelmäßigen Abständen. Manchmal vergingen Wochen, in denen der Mutter nichts anzumerken war. Dann plötzlich, an irgendeinem Tag, konnte sie sitzen bleiben und stundenlang die Wand anstarren. Sie gab keine Antwort und rührte sich nicht mehr von der Stelle. Das hatte sie auch schon getan, als der Vater noch hier wohnte. Der Vater wußte auch nicht, was er tun sollte. Sie hat einen Schub, sagte er jeweils zu Tobi. Ein Schub war eine Art Krankheit, wusste Tobi. Seit der Vater bei seiner neuen Freundin wohnte, fürchtete sich Tobi davor, wenn seine Mutter es hatte. Sie konnte dann seltsame Dinge tun. Zum Beispiel alle Milchpackungen aus dem Kühlschrank nehmen, sie aufreißen und die Milch in den Ausguß kippen.

Tobi hatte sich im Zimmer eingeschlossen. Draußen war es noch hell. Er ging ans Fenster und schaute in den Hinterhof hinunter. Die Zwillinge waren draußen und stocherten mit einem Stock im Müllcontainer. Die beiden Jungen waren zwei Klassen über ihm, in der vierten, und sie waren nicht seine Freunde. Während er sie heimlich beobachtete, kaute er auf einem Zipfel des Vorhangs. Nichts schmeckte diesem Vorhang im Mund ähnlich. Die Zwillinge hatten im Müll eine Spraydose gefunden und hielten ein Feuerzeug vor den Sprühknopf. Eine große helle Flamme stach heraus und erlosch nach kurzer Zeit wieder. Als einer der Zwillinge begann, die Spraydose zu schütteln, hörte Tobi im Nähzimmer eine Ofenklappe quietschen. Der Kachelofen wurde normalerweise nicht benutzt, denn sie hatten eine Gasetagenheizung. Er schloß sein Zimmer auf und ging hinaus, um nachzuschauen.

Die Mutter kniete vor dem offenen Feuerloch und war damit beschäftigt, Schnittmuster zu verbrennen. Die Flammen warfen ein warmes flackerndes Licht auf ihr Gesicht. Nun zog sie ihre Bluse aus und schob sie mit dem Schürhaken in die Flammen. Tobi stand unter der Tür und schaute seiner Mutter dabei zu. Sie zog den Rock ebenfalls aus, dann alles andere, die Strümpfe, die Wäsche, bis sie nichts mehr am Leib trug. Tobi gefiel es nicht, wenn seine Mutter nackt war. Wenn er ihre weiße Haut sah und die blauen Adern auf der Brust und an den Beinen, glaubte er, daß seine Mutter krank war. Sie schob ihre Kleidungsstücke in den Ofen und schaute zu, wie sie verbrannten. Die Strähnen ihrer Haare bedeckten ihr Gesicht, als sie sich bückte. Die Flammen loderten kurz auf und fauchten.

Mama hat es gemerkt, dachte Tobi. Die Mütze. Schon wieder vergessen. Sie will mich bestrafen, dachte er. Als das Feuer erloschen war, erhob sich die Mutter und kam nackt aus dem Zimmer in den Flur hinaus.

Ich hole die Mütze, sagte Tobi und wich zurück, aber die Mutter schaute ihn gar nicht an. Sie ging an ihm vorbei zur Wohnungstür, und sie öffnete die Tür und ging ins Treppenhaus hinaus.

Mama, sagte er.

Ihre bloßen Füße machten kein Geräusch auf den Stufen. Sie ging die Treppen hinunter, ohne das Licht anzumachen, wie ein fahler Geist, der in der einsetzenden Dämmerung in die Tiefe schwebte.

Ich hole die Mütze, rief Tobi und ging ihr hinterher, ich hole sie jetzt gleich.

Die Mutter hörte ihn nicht und ging weiter. Sie war nun an den Briefkästen vorbei und trat durch die Haustür ins Freie. Es war Winter, und es war kalt, aber Tobi wußte, daß die Kälte nicht wichtig war, sondern daß seine Mutter ohne Kleider auf die Straße ging. Das durfte nicht sein. Er folgte ihr in einigem Abstand und wagte nicht, sie zu rufen. Auf der anderen Straßenseite blieb ein älterer Mann stehen, der einen Hund an der Leine führte, und schaute ihr hinterher. Dann blickte der Mann die Straße hinunter, als würde er noch andere nackte Menschen erwarten – oder Musik oder einen

Umzug oder jemanden mit einer Kamera. Der Mann schien sich darüber zu wundern, daß es nur eine Frau war und sonst nichts. Die Mutter ging ohne besondere Eile und erreichte nun die Hauptstraße mit den Schaufenstern, den vielen Fußgängern und dem Feierabendverkehr. Tobi sah, wie die Leute seiner Mutter auswichen, sich nach ihr umdrehten und stehen blieben. Dann schauten sie einander an, und jemand begann zu lachen. Andere gingen an der Mutter vorbei, ohne sie, obwohl sie nackt war, eines einzigen Blickes zu würdigen. Als wäre es nichts besonderes, im Winter nackt durch die Straße zu gehen. Vor der Bäckerei bildete sich eine Menschenansammlung, die zu diskutieren begann. Niemand bemerkte Tobi, der ihr in einigem Abstand folgte. Einige der Autos hupten, und jemand schrie im Vorbeifahren aus dem offenen Wagenfenster. Tobi wußte nicht, wohin die Mutter gehen wollte. Als sie bereits zwei Kreuzungen überquert hatten, sah er weiter vorn einen Polizeiwagen auf den Gehsteig fahren. Ein Polizist kam mit einer Wolldecke auf die Mutter zu und verhüllte ihren nackten Körper. Sie ließ es widerstandslos geschehen, ließ sich auch, unter den Blicken der Zuschauer, zum Wagen führen und einsteigen helfen.

Als er den Polizeiwagen wegfahren sah, dachte Tobi, er müßte seinem Vater erzählen, was geschehen war und machte sich auf den Weg. Erst jetzt fiel ihm ein, daß er mit den Hausschuhen auf die Straße gegangen war. Nach zwanzig Minuten stand er vor dem Hochhaus und drückte auf einen der Klingelknöpfe neben der Eingangstüre. Die Freundin seines Vaters hieß Carola. Ihre Stimme klang krächzend aus der Gegensprechanlage. Dein Vater ist im Theater, sagte sie. Er hat heute Vorstellung und kommt spät nach Hause.

Tobi machte sich auf den Weg zurück. Inzwischen war es dunkel geworden. Als er den Haustürschlüssel, der an einer Kette an der Hose befestigt war, im Schloss umdrehte und die schwere Türe aufdrückte, sah er die Zwillinge mit dem Rücken zu ihm bei den Briefkästen stehen. Zwischen ihren breit auseinandergestellten Füssen hatten sich Pfützen gebildet. Tobi riß den Schlüssel aus dem Türschloß und rannte weg. Die Kette schlug wild zwischen den Beinen herum. Erst als er zweimal abgebogen war und niemanden entdeckte, der ihm gefolgt war, verlangsamte er seine Schritte. Nach einigen Umwegen, nachdem genug Zeit verstrichen war und er von weitem beobachtet hatte, daß im Treppenhaus kein Licht mehr anging, wagte er nach Hause zu gehen.

Im Nähzimmer schraubte Tobi die Ofenklappe zu. Dann nahm er verschiedene Kleidungsstücke vom Garderobenständer und legte sie den Schneiderpuppen um. Er zog sie alle an, den Mann, die Frau, das Kind.

Draußen an der Kreuzung stand eine Ampel. Tobi konnte sie durch das Fenster sehen. Die Ampel blinkte gelb. Um diese Zeit fuhren wenig Autos an ihrem Haus vorbei. Die Ampel ging aus und wieder an und wieder aus – immer im gleichen, ruhigen Rhythmus.

Kerstin Kempker // EIN FALL

Alte Männer fallen selten von Balkonen. Es mag schon einmal vor-
kommen, daß ein alter Mann, der nicht mehr weiter weiß, sich von
seinem Balkon stürzt. Aber die Regel ist das nicht. Auch wenn alte
Männer diejenigen sind, die sich am häufigsten umbringen, Bilanzsuizid heißt das dann, so ist es doch die Ausnahme, sich als alter
Mann so mir nichts dir nichts über die Balkonbrüstung zu schwin-
gen und herabfallen zu lassen. Eher schon erschießt sich einer,
wenn er eine Waffe hat. Oft erhängen sie sich, lassen sich vor ein-
fahrende Züge fallen oder fahren gelegentlich auch mit ihren Autos
gegen Beton. Die Statistiken, die die entgangenen Lebensjahre
zählen, bewerten solche Fälle als minder schwer. Es ist nicht mehr
viel, was diesen alten Männern im Schnitt entgeht, zumal die
Häufigkeit, mit der sie sich ums Leben bringen, mit dem Alter
steigt.

So besehen wäre es keine große Sache, wenn ich mich jetzt ent-
schließen könnte, mich einzureihen in die Statistik der unnatür-
lichen Tode, Untergruppe Suizid, Abteilung Bilanzsuizid alter
Männer. Kein Hahn kräht nach mir. Wenn die Arbeit weg ist und
die Frau, der Körper aufmuckt und seinen Verfall vorbereitet,
wenn einen niemand mehr sieht und hört und man auch selber
immer schlechter sieht und hört und die Arztbesuche zu den
großen Ereignissen des Lebens werden, dann ist es nicht allzu ver-
wunderlich, wenn einer sagt, danke es reicht, und dem Ganzen ein
Ende bereitet.

Die Frage ist ja nicht, warum einer sich umbringt, sondern warum
bringt einer sich nicht um, der alles schon hinter sich hat. Warum
soll er warten, bis er verhungert, vertrocknet, verkalkt und versorgt
ist. Die einzige wirkliche Entscheidung, die einer wie ich noch treffen kann, betrifft das eigene Ende. Wenn es so weit ist, daß man schon
die kleinen jämmerlichen Entscheidungen des Alltags über das
Aufstehen, das Essen, das Fernsehprogramm, den Wäschewechsel
und die Ausgabe des wenigen Geldes nur noch mit Mühe treffen
kann, dann wird es Zeit, sich die einzige noch wichtige Frage zu
stellen. Wie lange noch? Den Sommer, wenn er nicht zu heiß ist,
nimmt man noch mit, der Herbst bringt einen dann auf den Ge-
schmack, und zum Jahresende will die Sache entschieden sein.

Nach Temperament und Möglichkeit wählt man den persönlichen Abgang. Der gezielte Schuß, auch Gnadenschuß genannt, in den eigenen vier Wänden und, wenn man niemanden stören will, in der Silvesternacht, das ist eine klare Sache. Man bestimmt Ort und Zeit, das Werkzeug liegt bereit und wird noch einmal geputzt und geprüft. Kein Kind, dem man auf den Kopf fallen kann. Kein Eisenbahner, der mit einem Schock ins Krankenhaus muss und ein Trauma davonträgt. Rücksichtsvolle alte Männer tun es im Bad. Man räumt auf, kämmt und rasiert sich, zieht den Ausgehanzug an, Straßenschuhe, eine Stilfrage. Man könnte die Wohnungstüre öffnen, um bald gefunden zu werden. Im Idealfall klärt man die Beerdigungsmodalitäten und legt die Papiere bereit. Dann schaut man vielleicht bei den Nachbarn vorbei, ruft den einen oder anderen noch einmal an und sagt diskret adieu.

Ich finde, das sollte man tun, bevor man geht. Auch den Müll sollte man leeren und die Wohnung ein wenig saubermachen. Alles, was man vor Antritt einer größeren Reise früher getan hat, denn verreist sind alte suizidwillige Männer in der Regel schon lange nicht mehr, all das sollte man erst recht vor dieser Reise tun. Ich weiß natürlich, daß sich nicht alle daran halten. Es ist nicht so, als würde ich das nicht verstehen. Auch unter uns Bilanzsuizidlern gibt es eine Art Kurzschluss, eine ungerechtfertigte Eile, ein störrisches Jetzt-oder-nie, diese merkwürdige Angst, hinter den eigenen Mut zurückzufallen.

Ich habe mich für den Balkon entschieden. Wenn ich den Blumenkasten, in dem schon lange nichts mehr blüht, herunternehme und den Tritthocker davor stelle, komme ich ohne Mühe auf das Mauerchen, setze mich und stoße mich zügig ab. Mit dem Kopf voran möchte ich nicht fallen. Tief genug ist es. Ich lande auf den Pflastersteinen neben den Müllbehältern. Damit ich nicht da liege, wenn gerade ein Kind den Müll einwirft, meist sind es Kinder, am häufigsten Jungen, die hiermit beauftragt werden, um das zu verhindern, werde ich es am frühen Morgen tun an einem Tag, wo die Müllabfuhr bald darauf kommen muß. Die Müllmänner sind hartgesottene Leute, die haben das schon öfter erlebt. Die werden zu ihrem Wagen gehen, per Funk die Polizei informieren und eine kleine ungeplante Pause einlegen, eine rauchen, einen Schluck Kaffee aus der Thermoskanne nehmen und warten, bis alles erledigt ist und sie weiterfahren können.

Sechs Stockwerke liegen unter mir, dreißig Meter freier Fall, schätze ich. Wie lange werde ich fallen? Regen fällt im Schnitt in einer Sekunde fünf Meter, Hagel legt schon fünfzehn Meter zurück in dieser Zeit. Ich bin nicht sehr schwer. Viel Zeit wird mir nicht bleiben, schätzungsweise zwei Sekunden. Und doch weiß ich, daß die Zeit sich im entscheidenden Moment dehnt. Als Kind bin ich einmal fast ertrunken und habe in den wenigen Sekunden, die es dauerte, bis mein Vater mich nach oben zog, über die Länge der Zeit nachgedacht. Ich habe gewußt, daß ich sterbe, und war erstaunt, wie leicht und wie langsam es geht. Es war ein schöner Moment, vielleicht schöner als alles danach. Geschützt und umhüllt vom Wasser bin ich gleichzeitig gesunken und geflogen, alles in mir hat gelächelt. Ich habe es keinem erzählt. Mein Vater hatte es eilig, mir das Schwimmen beizubringen. So scheidet Ertrinken jetzt aus. Ich stelle mir vor, daß Fallen ähnlich ist.

Die Vorbereitungen sind immens. Ich muß die Gewohnheiten der Leute erkunden, die unter mir wohnen. Denn der Gedanke, vor den Augen eines schlaflosen Menschen, der eben zum Luftschnappen und um die Sterne zu suchen im Schlafanzug auf seinen Balkon tritt, vom Himmel zu fallen, ist mir unangenehm. Ich werde ihnen allen einen Besuch abstatten und in einem oder wenn nötig in mehreren Gesprächen erfahren, wann mein Vorbeifallen sie am wenigsten stört.

Die Wohnungen unter mir sind wie meine Wohnung geschnitten, zwei Zimmer, Küche und Bad. Man betritt einen langen schlauchartigen Flur, geht links in die ebenfalls schmale mit weißen Schränken ausgestattete Einbauküche und geradeaus ins Wohnzimmer, an dessen Fensterfront der Balkon hängt. Im Grundriß ist vor dem Fenster eine Sitzecke eingezeichnet, auf der gegenüberliegenden Seite die Schrankwand mit einem Fernseher und zur Küche hin ein Tisch mit vier Stühlen, die Eßecke. An ihr vorbei tritt man ins Bad, Waschtisch, WC, Wanne, ein kleines Fenster. Rechts geht es ins Schlafzimmer, das im Plan mit einem Doppelbett und einem Kleiderschrank gefüllt ist. Das Fenster geht wie der Balkon zum Hof.

Wir haben die Wohnung damals, als sie noch lebte, nach diesem Plan eingerichtet. Es ergab sich so, anders hätte es keinen Sinn gemacht, auch wenn es mich immer gestört hat, daß die Architekten des Hauses mit ihren Mauern, Wandnischen, Kabeldosen und der

Ausrichtung der Türen uns exakt vorschreiben, wie wir uns einzurichten haben.

Ein- oder Zweipersonenhaushalte vermute ich unter mir, eventuell auch Alleinerziehende mit zwei Kindern, die sich das Schlafzimmer teilen. Sechs bis achtzehn Personen leben unter mir. Sicher bin ich dem einen oder anderen von ihnen schon einmal im Aufzug begegnet oder bei den Briefkästen im Eingang. Aber man weiß ja nicht, wer in welcher Wohnung lebt. Am wenigsten weiß man in solch einem Haus, wer unter einem lebt. Zwischen sieben und acht Uhr am Abend werde ich meine Besuche machen. Nach dem Abendbrot und vor den Nachrichten, anders gehört es sich nicht. Ich brauche einen Grund. Es soll beiläufig wirken, und doch will ich alle Zimmer sehen und wer dort wohnt. Ich brauche einen Überblick. Der Heizungsstrang wäre eine Möglichkeit oder ein Wasserschaden.

Es gibt Probleme mit der Heizung, sage ich, an unserem Strang. Ich wohne über Ihnen. Haben Sie auch Probleme mit der Heizung? Wird es warm bei Ihnen? Ja, im Schlafzimmer. Vielleicht können wir mal nachschauen. Ich will morgen der Hausverwaltung Bescheid geben, ein möglichst genauer Problembericht. Deshalb komme ich, darf ich eintreten, es dauert nicht lange. Oh, Sie bringen gerade die Kinder zu Bett, lassen Sie sich nicht stören. Wenn Sie gestatten, schaue ich selber mal eben nach. Vielleicht sind es auch nur die Ventile. Ja, man kennt sich nicht. Ich wohne schon bald dreißig Jahre hier. Nein, danke, ich will Sie nicht stören. Sie haben die Couch ja schon ausgeklappt. Sicher müssen Sie früh raus am Morgen. Das ist nicht leicht, so allein mit zwei Kindern. Es gibt kein Grün hier in der Gegend. Na, wenigstens haben wir den Balkon. Ach, den benutzen Sie nie, nicht einmal kurz zum Luftschnappen? Ja, das verstehe ich, es ist auch gefährlich. Man weiß nie, was Kinder so anstellen, wozu sie fähig sind in ihrer Neugier. Sie stehen in der Küche am Herd und schwups. Kindersicherung, das ist gut, sehr vernünftig ist das. Ich will Sie nicht länger stören. Einen schönen Abend noch, eine gute Nacht.

Kommen Sie, sagt der alte Mann, ein Mann in meinem Alter, er wohnt unter mir. Folgen Sie mir, die Farbe trocknet schnell ein. Im Schlafzimmer, sagen Sie, sei der Wasserschaden. Schauen wir mal. Gucken Sie sich nicht um. Ich weiß, es ist ein Chaos. Aber ich finde

mich zurecht, mir gefällt's so, und sonst kommt ja keiner. Wollen Sie auch ein Glas Wein? Hier, bitte. Ich bin gerade bei den Sanitätern. Die Jacken haben Leuchtstreifen. Im Dunkeln, sehen Sie, jetzt ist es dunkel, sie leuchten. Ich muß noch die Hosen anmalen und die Schuhe. Dann können sie trocknen. Es gibt sie auch fertig angemalt. Aber das ist zu teuer. Ich habe das alles selber gemacht, die Berge, hier der Tunnel, sehen Sie, zweigleisig fährt sie da durch. Schauen Sie sich ruhig alles an. Sie können sie fahren lassen. Hier verstellen Sie die Weichen. An der Stadt habe ich zwei Jahre gebaut. Am schwierigsten waren die Öfen. Ich wollte, daß sie rauchen. Die Kirchenglocke war auch nicht einfach, ihr Klang. Ich habe das alles vor Augen, im Ohr. Es muß so sein wie damals. Der Duft von gemähtem Gras, die Jahreszeiten, da sind noch viele Probleme. Morgen passiert hier der Unfall. Die Bahn wird entgleisen, ein Fehler am Stellwerk. Sie rast mitten hinein in den Trödelmarkt, der hier immer sonntags am Bahnhof, sehen Sie das Spielzeug, die kleinen Bücher. Ich wollte, daß man sie aufschlagen kann. Ohne die Lupe geht nichts mehr. Für das Notlazarett brauche ich noch die ganze Nacht. Aber dann, morgen Abend um acht passiert hier das große Unglück. Kommen Sie morgen um kurz vor acht. Dann sind Sie Zeuge, und übermorgen können Sie es lesen in der Zeitung, die hier in diesem flachen Gebäude aus der Maschine kommen wird. Tragisches Zugunglück in Undorf, wird groß auf der Titelseite stehen. Die Toten und Verletzten zählen wir dann. Vielleicht kann dem einen oder anderen noch geholfen werden. Der Sachschaden wird immens sein. Soviel steht fest.
Vor zwei Wochen hat es gebrannt, die Feuerwehrleute waren eben am Feiern, hier im Roten Hahn, natürlich sind sie zu spät gekommen. Wir mussten einen Jungen beerdigen, er ging noch nicht zur Schule, in seinem Bett verbrannt, lichterloh, das ganze Dach, Sie sehen es ja, ausgebrannt. Es war Zufall, dass ich gerade unten in der Küche war. Ich hatte Durst und stand mit einem Glas Milch am offenen Kühlschrank, ein alter Bosch, hier sehen Sie ihn, und das bin ich, barfuß im Schlafanzug, als über mir mein Bruder verbrennt. Die Brandursache wurde nie festgestellt. Ich weiß ja, wie es weitergeht. Das ist das Schlimmste. Zu wissen, was alles noch passieren wird. Morgen der Unfall. Werden Sie kommen? Sie kommen doch.

Johann Peter // TITTEN-LORES ENDE

Diese Geschichte hat mir Hella erzählt, als sie ihre Prüfung längst hinter sich hatte. Sie spielt in einem Kurort im nördlichen Deutschland; Kriegskapitäne aus reichsdeutscher Zeit, die alten Gesichter hochmütig starr, flanierten dort über einen Korso, in dessen Pflaster noch das Echo von Marschschritten klang, und von den Hügeln ringsum schrien Vertriebenverbände ihre Heimatliebe mit angriffslüsternen Gipfelkreuzen ins Land.

Hella ließ sich an jenem Ort zur Gymnastiklehrerin – wie sie es ausdrückte – »formen«. Als Schule diente ein abgewracktes Hotel mit wilhelminischem Charme, mit Dachreitern, Türmchen und Zinnen, ein Bretterpalast, durch den sich der Holzwurm im Wettlauf mit der Feuchtigkeit fraß. Die Lehre war hart; daß sie gerecht war, würde nur der agile Sportarzt behaupten, den eine gut gefüllte Vorratskammer hie und da mit jungen Lenden versorgte.

Tags jagten sich die Lektionen, nachts jagten Mäuse über Marmorkonsolen und Gasrohre aus grünspanbeschlagenem Kupfer, tanzten auf der Bettdecke Reigen, bis ihr Opfer entnervt aus dem Dämmerschlaf fuhr und fluchend Lehrbücher warf oder die Klappfalle spickte.

»Sechs Stück«, stöhnte Hella, »hab' ich mal in einer einzigen Nacht abgemurkst!« Doch die Geschichte, die ich ihr verdanke, handelt nicht von Mäusen. Es ist Titten-Lores Geschichte, und sie ist kurz.

Frau Annelore Glaser gehörte zum Lehrpersonal und wurde von den Schülern als »zäh wie Leder, hart wie Kruppstahl, link wie die Ratte« beschrieben. An ihrem Äußeren traf solche Charakteristik vorbei; zwar entsprach ihr straffer, von Ende März bis November bronzefarbener Körper nicht eben dem Ideal weiblicher Rundung, doch war sie für eine Frau von 58 »verdammt gut gehalten«.

Selbst Lästermäuler wie Hellas Zimmernachbar Robby formulierten das so. Und hierin war das Ärgernis Glaser begründet: die eherne Zucht, mit der sie nicht nur den eigenen, sondern auch die ihr anvertrauten Körper bezwang. »Leibesertüchtigung«, wie sie es nannte, war ihr ein existenzielles und heroisches Abwehrgefecht, ein Aufbäumen des sittlich geläuterten Willens gegen die niederen Mächte. Ständig in Notwehr begriffen, ließ sie ihren Schülern nur die Wahl, siegreich an ihrer Seite zu fechten oder im Sog der Fäulnis unterzugehen, und in letzterem Fall half sie mit kunstvollen Schwertstreichen nach.

Sie führte die Klinge präzise und leidenschaftslos. Ob sie nun die // 41 Wiederholung der Wiederholung einer unsauber ausgeführten Übung verlangte oder die Wiederholung mit karikierendem Spott selbst vorexerzierte, ob sie einer Schülergruppe die Gunst ihrer Aufmerksamkeit schenkte und dann, scheinbar grundlos, entzog, sie schließlich portioniert und individuell wiedergewährte – alle Maßnahmen der unverehelichten Leibeserzieherin Glaser entsprangen der Vermählung des kategorischen Imperativs mit der Sachkompetenz. Jedes taktische Zugeständnis an einen diskothekenverführten, kabriofahrenden Zeitgeist war ihr verhaßt; sie stritt für den Endsieg der Tugend.

Allen Schülerjahrgängen, denen auferlegt war, die Bekanntschaft Frau Glasers zu machen, geriet sie zum beherrschenden Thema. Man erging sich, wenn man nicht schimpfte, in sozialpsychologischer Deutung.

Kindheit und Erziehung in finsterer Zeit, das Leben alleine – und hundert zu eins hätten die Jungen gewettet, daß Annelore G. sich noch im Besitz einer intakten Jungfräulichkeit wußte, bedroht allenfalls durch extremen Spagat – der Neid auf eine freiere Jugend, eine satte Prise Sadismus: davon war »Titten-Lore« geprägt.

Den prallen Stempel hatte ihr Robby verpaßt. Ihm war aufgefallen, daß es bei Frau Glaser, trat sie zur Vorführung einer bestimmten Übung an das Gerät, für Sekunden zu einer »Retraktion der Schultern bei gleichzeitiger Kontraktion der Abdominalmuskeln« kam. Was, so fuhr Robby, den Hymnuston der Dozentin nachahmend, im Fachjargon fort, »eine demonstrative Straffung der Büste bewirkt.« Robby hatte das Phänomen als erster ins kollektive Bewußtsein gehoben; die Beobachtung wurde bei nächster Gelegenheit mit schwer beherrschtem Kichern bestätigt. Bald kannte kaum einer mehr Frau Annelore Glaser bei ihrem richtigen Namen.

»Wir wußten es alle nicht«, sagte Hella, und ich hatte das Gefühl, ihr sitze dabei immer noch etwas im Hals.

»Für uns war sie ein Fossil aus Deutschlands dumpfbraunen Tagen. Wir hatten sie uns nur keulenschwingend und rhönradfahrend zu Führers Geburtstag gedacht. Sie hatte ja auch diesen allzeit bereiten Wachpostenblick, jedenfalls, wenn sie sich beobachtet fühlte. Sie fühlte sich immer beobachtet, weil sie das brauchte – vormachen, fertigmachen.

Einmal habe ich sie allerdings anders erlebt. Das war bloß für einen Moment, sie hat nichts davon gewußt. Ich war froh, daß sie es nicht gemerkt hat. Sie hätte sich das nie verzeihen können. Und mir auch nicht.

Beim Umziehen nach dem Abendessen vermißte ich das silberne Kettchen, das mir mein Vater geschenkt hat. Du kennst es ja, mit meinem Sternzeichen das. Ich trage es nicht immer, aber in der Schule hatte ich es jeden Tag an, obwohl es bei den Übungen störte. Für mich war es wie ein Amulett.

Das Kettchen hing also nicht mehr um meinen Hals. Wir hatten vor dem Essen noch Jazztanz gehabt, wahrscheinlich war der Verschluß dabei aufgegangen.

Ich lief runter in den Saal. Es wurde schon dunkel, ich drückte den Schalter, kein Licht. So was kam bei uns andauernd vor, niemand regte sich darüber auf. Außerdem war es gerade noch hell genug. Ich hatte vor der Bühne geübt, also schaute ich dort. Halb unterm Ledersaum des Vorhangs lag tatsächlich mein Kettchen. Ich hob es auf und hörte ein Geräusch hinter dem Vorhang, als habe jemand Mühe zu atmen.

Ich hielt auf einmal selber die Luft an und schlich auf Zehenspitzen links an den Rand. Von da kann man die Bühne einsehen.

Oben lag ein Stapel Matratzen, wahrscheinlich hatte die Judo-Gruppe Fallen geübt. Auf dem Stapel hockte die Glaser. Sie bewegte sich nicht, drehte sich nicht nach mir um, sondern glotzte in eine Ecke wie jemand, der Erscheinungen hat.

Ich war so verwirrt, daß ich stehenblieb, genauso reglos wie sie. Mir kam das wie eine Ewigkeit vor, dabei war es sicher kaum eine Minute.

Plötzlich schlug die Glaser sich mit der flachen Hand an die Stirn. Einmal, zweimal, fünfmal, ich habe gezählt. Jedesmal fester. Danach saß sie wieder ganz still und starrte zur Ecke. Ich hielt es nicht mehr aus und floh, so leise ich konnte.

Das habe ich keinem erzählt. Als wäre es nicht wirklich gewesen. Eine Woche später ist die Sache mit Corinna passiert.«

Die Sache mit Corinna war mir von früher bekannt. Die Glaser hatte das Mädchen bei einer Übung so überfordert, daß sich Corinna einen Muskelriß zuzog. Als zwei ihrer Freundinnen, darunter Hella, in der folgenden Stunde Corinnas Krankmeldung brachten, hatte Frau Glaser detailliert nach Symptomen gefragt.

»Mir kommt das jetzt wie eine verschlüsselte Form der Betroffen- heit vor«, meinte Hella.

Im nächsten Moment habe die Glaser erklärt, Corinna bleibe immer an den Grenzen ihrer Belastbarkeit stehen.

»Dafür«, war Hella damals entfahren, »hätte ihr eins in die Fresse gehört!«

Konrad Roenne // DER HERR UND ICH

Ich denke an dich auf nächtlichem Lager /
und sinne über dich nach, wenn ich wache.
Psalm 63,7

Es war so, daß wir ihn meistens draußen auf der Straße sahen und
daß man manchmal mit ihm im Fahrstuhl fuhr, denn er wohnte im
gleichen Aufgang, und daß wir Jungs dann immer nichts sagten
und auf den Boden kuckten und daß er zum Glück nicht grüßte
und daß, wenn er ausgestiegen war, wir laut lachten, weil die meisten von uns die ganze Zeit, die wir mit ihm im Fahrstuhl standen,
grinsen mußten. Und daß er groß und dick war und immer, sogar
im Sommer, wenn es sehr heiß wurde, seine rote Windjacke anhatte
und er sich komisch bewegte und daß, wenn er den Fahrstuhl verließ, er kurz nach links und rechts schaute, bevor er weiter ging und
daß wir das oft nachmachten und lustig fanden und ich irgendwann nur noch so wie er den Fahrstuhl verließ, selbst wenn keiner
der Jungs dabei war. Meine Mutter nannte ihn nur den Herrn,
wenn ich ihn ihr auf der Straße oder im Einkaufszentrum, in dem
er auch oft rumlief, zeigte. Sie grüßte ihn immer sehr nett und sagte
zu mir und meinem Bruder, daß wir ihn nicht verarschen sollen,
bloß weil er komisch aussieht und daß wir sowieso niemanden verarschen sollen, weil die Leute ihre Ruhe haben wollen.
Es war also so, daß der Herr immer draußen rumlief, immer quer
durchs Viertel und daß er im Einkaufszentrum vor allem bei der
kleinen Post zu sehen war, an der er oft den ganzen Tag stand und
grinste, bis die Post abends zumachte und daß er dann den Post-
leuten zuwinkte, wenn sie die Glastür von innen abschlossen,
damit keiner mehr reinging. Und daß er manchmal am Eingang
zum Supermarkt mehrere Stunden aufräumte, die Kassenbons auf-
sammelte, die die Leute weggeworfen hatten und die Büchsen und
Plasteflaschen, die um die Mülleimer rum lagen. Er wohnte im
neunten, wir im elften, direkt unter dem Dach und die, die nicht
bei uns im Aufgang wohnten und den Herrn nicht im Fahrstuhl
trafen, nannten ihn öfters auch mal den Spasten. Aber zum Glück
hörte er das nicht oder er verstand es nicht, denn ich kann mir nicht
vorstellen, daß ihn jemand wirklich beleidigen wollte.

Ich zog mit meiner Mutter und meinem Bruder irgendwann weg aus dem Viertel in einen anderen Teil der Stadt, denn zwischen meiner Mutter und ihrem Freund wurde es immer schlimmer, und er blieb in unsrer alten Wohnung. Und dann kam es, daß ich mich mit ein paar von den Jungs, die noch im Viertel wohnten, an den Wochenenden traf, wenn es irgendwelche Partys gab, und daß wir damit anfingen sprühen zu gehen, vor allem in meinem alten Viertel, weil wir uns da gut auskannten und wußten, bei welchen Blocks wir aufs Dach kamen und wo man am schnellsten wieder abhauen konnte. Und daß einmal, als wir am Einkaufszentrum ein großes Bombing sprühten, plötzlich der Herr, der Typ mit dem ich früher im gleichen Aufgang wohnte, neben uns stand und ich sagte Scheiße und wollte wegrennen, doch die anderen meinten, daß der sowieso nicht peilt, worum es geht und machten weiter. Der Herr sah kleiner aus als früher, aber ich konnte erkennen, daß er genauso wie früher grinste, seine rote Windjacke anhatte und sich die Wand anguckte, die wir grade bemalten. Danach sah ich ihn eine ganze Weile nicht mehr. Wir wurden ein paarmal beim Sprühen erwischt und hatten dabei auch noch einen Wachmann schwer verletzt, der uns beim Wegrennen aufhalten wollte. Weil ich der von uns war, der ihn die Treppe runtergeschubst hatte und danach noch ein paarmal mit einer Sprühdose auf seinen Kopf schlug, kam ich für kurze Zeit in den Jugendknast. Dann wurde ich aber entlassen und konnte stattdessen in einem Altenheim die Strafe abarbeiten. Zuerst versuchte ich so oft wie möglich, mich krank schreiben zu lassen, weil ich das Altenheim und die Arbeit da Scheiße fand und die Schwestern und Pfleger mich nicht leiden konnten und die Heimleiterin zu mir besonders unfreundlich war. Ich mußte für die Beschäftigungstherapeutin arbeiten und mit den Alten Karten spielen oder mit ihnen in den Supermarkt gehen, wo sie immer Kräuterlikör kaufen wollten, obwohl sie das nicht sollten. Dann teilte mich die Heimleiterin aber zu den Pflegern ein und die Arbeit wurde noch schlimmer. Doch nach einiger Zeit verstand ich mich immer besser mit den Schwestern und den Pflegern, denen ich beim Waschen der Alten half und die mich bald mochten, wahrscheinlich auch weil ich mich nicht mehr krank schreiben ließ und alle Aufgaben machte, die sie mir gaben. Wenn ich nach der Arbeit nach Hause kam, war ich meistens müde und schlief schnell vor dem Fernseher ein. Ab und zu traf ich auch die alten Freunde und ging mit ihnen in Clubs oder auf Partys, so wie früher. Es war eine schöne Zeit. Ich konnte bei meiner Mutter ausziehen und hatte eine Freundin, die viele für meine Schwester hielten, wenn sie sie zum ersten Mal sahen. Irgendwann ging ich sogar gern in das Altenheim und war nach der Arbeit manchmal mit ein paar Schwestern und Pflegern Bier trinken. Die meisten von ihnen fanden es nicht schlimm, daß ich wegen einer Strafe bei ihnen arbeitete und als die Zeit rum war, hatte die Heimleiterin nichts dagegen, daß ich bleiben wollte, und ich konnte sogar eine Ausbildung zum Altenpfleger anfangen.

Und so kam es, daß ich den Herrn aus meinem alten Viertel wiedersah, der in ein Zimmer des Heims zog und daß er, als ich eines Tages zum Spätdienst kam, allein im Essenraum an einem Tisch saß mit einer großen Flasche Cola vor sich. Und daß ich keine Ahnung hatte, ob er mich wiedererkannte, aber es sah nicht so aus. Ich ging zur Übergabe mit dem Frühdienst und da wurde mir gesagt, daß wir einen neuen Bewohner haben und sein Name sei Herr und das stand auch auf der noch dünnen Akte, die auf dem Tisch lag. Ich weiß noch, daß ich die Stationschefin fragte, ob wir ihn Herrn Herr nennen sollen und daß sie mich kurz ankuckte und dann fragte, wie ich das denn sonst machen will und ob ich für ihn vielleicht einen neuen Namen weiß, den ich ihm geben möchte. Eine andere Schwester meinte, daß wir ihn nicht aufnehmen sollten, weil mir der Name nicht gefällt und lachte. Die Stationschefin sah mich an und grinste und streichelte mir über den Kopf, so wie sie das oft tat. Ein paar Tage später guckte ich mir seine Akte an, in der die gleiche Adresse stand, die ich früher hatte. Seine Mutter, mit der er bei uns im Block scheinbar wohnte, die ich aber nie mit ihm zusammen gesehen hatte, war vor ein paar Wochen gestorben und so kam er in ein Heim und er konnte ja auch nicht für sich selbst sorgen und leben.

Wir hatten jedoch nicht viel Arbeit mit ihm. Er wusch sich meistens alleine, wenn man es ihm ein paarmal sagte und anziehen konnte er sich auch ohne Hilfe. Bevor der Frühdienst kam, war er schon immer wach und ging nach dem Frühstück zum Supermarkt, vor dem er dann bis zum Mittag rumstand. Dann passierte es, daß er ein paarmal nicht mehr vom Supermarkt zurückkam, wir ihn draußen nicht fanden und ihn sogar durch die Polizei suchen lassen mußten, die ihn meist nach eins zwei Tagen wieder zu uns brachte. Weit hatte er es nicht geschafft, denn er blieb sehr oft stehen und schaute sich dann lange die Häuser oder Autos und so was an. Wir mußten nun aufpassen, daß er nicht ohne Begleitung das Heim verließ. So sagte man ihm, wenn er am Fahrstuhl stand und raus wollte, daß er nicht raus darf, und er ging dann auch ohne weiteres wieder zurück in den Aufenthaltsraum oder stellte sich neben die Küchentür, ohne einen anzukucken. Vielleicht war er ja beleidigt.

Dann kam es so, daß ich Nachtdienst hatte. Zusammen mit einer Schwester musste ich auf die drei Stationen des Heims aufpassen. Und daß ab ein Uhr kaum noch was los war und daß wir zu zweit im Büro rumhingen und rauchten und Kaffee tranken. Und daß wir Schnick-Schnack-Schnuck darum spielten, wer hingehen und nachsehen müsse, wenn jemand von den Alten uns rief, denn die konnten einen Knopf an ihrem Bett drücken und dann klingelte es im Büro und auf dem Flur und die Nummer des Zimmers, in dem der Knopf gedrückt worden war, wurde dazu angezeigt. Und daß die Schwester ziemlich gut im Schnick-Schnack-Schnuck-Spielen war, sie machte das schon seit Jahren so im Nachtdienst und in dieser Nacht verlor ich meist. Auch als die eine Frau klingelte, die sich jede Nacht ein paarmal meldete, immer wenn sie aufwachte und die dann fragte, wo sie sei und ob ihr Mann, der schon eine Weile tot war, endlich kommen würde und die jedesmal dachte, man wäre ein Kellner und eine Tasse Kaffee und ein Stück Pflaumenkuchen bestellte. Ich sagte ihr, daß Kaffee und Kuchen bald kommen aber sie sich erstmal wieder hinlegen soll und daß die anderen auch längst schlafen. Sie schaute dann immer kurz auf den Flur und meinte, daß sie nicht müde sei. Ich brachte sie trotzdem zum Bett und half ihr, damit es schneller ging, das Kleid auszuziehen, denn sie zog sich jedesmal an, wenn sie nachts aufwachte, gab ihr das Nachthemd, das sie sich allein anziehen konnte, wartete bis sie im Bett lag und sagte dann Gute Nacht und machte das Licht aus. Sie rief noch irgendwas hinterher, doch ich machte die Tür zu und ging zurück zum Büro. Und dann war es so, daß ich, als ich beim Fahrstuhl um die Ecke kam, den Herrn sah, der seine rote Windjacke anhatte. Und daß er grade in den Fahrstuhl einstieg und wie immer grinste und ich schnell hinterherging und daß sich dann die Tür schloß und wir runter ins Erdgeschoß fuhren. Und daß ich ihm sagen wollte, daß er jetzt nicht raus darf und wieder nach oben fahren muß, machte das aber nicht und schaute ihn nur an, wie er auf die Anzeige des Fahrstuhls guckte, auf der die Nummern der Etagen rot leuchteten. Und daß er unten im Erdgeschoß zum Ausgang

ging und ich ihm hinterher und er versuchte die Tür aufzumachen, die war aber abgeschlossen. Und daß ich mein Schlüsselbund nahm und die Tür aufmachte und dann gingen wir zusammen raus vor das Heim. Und daß es Winter war und sehr kalt und ich in meinen dünnen Sachen fror und daß der Herr kurz zu den gegenüberliegenden Wohnblocks schaute und dann links die Straße runter ging, ohne sich nach mir umzusehen. Und daß er alle paar Meter stehen blieb und nach unten auf den Boden guckte oder auf seine Schuhe und daß ich vor dem Eingang des Heims stand und ihm nicht hinterher rief und mich sogar ein paarmal umsah, ob uns jemand zuschaute. Und daß ich, als ich ihn nicht mehr sah, wieder reinging und die Eingangstür nicht abschloß und zurück auf die Station fuhr. Und daß die Nacht ruhig war und ich mit der Schwester im Aufenthaltsraum Playstation spielte und dachte, daß er spätestens in einigen Tagen zurück sein werde, doch da hatte ich mich geirrt.

Daniel Schöning // DIE FARBE DES MONDES

Korittke war auf dem Weg zur Arbeit als ein heftiges Piepsen in seinem rechten Ohr einsetzte, und er aufgrund dieser Irritation auf der von nassen Blättern bedeckten Straße ins Schleudern kam. Er geriet von der Straße in den Wald, der, an dieser Stelle von hohen Bäumen durchsetzt, ihm glücklicherweise kein Hindernis in den Weg stellte, so daß der Wagen unversehrt zum Stillstand kam, noch ehe das Geräusch verklungen war. Er bohrte seinen Zeigefinger in das betroffene Ohr und rührte darin, bis das Piepsen verschwunden war. Er öffnete die Wagentür, trat in das lockere Laub der Buchen, roch die von Pilz, morschem Holz und faulenden Blättern durchdrungene Waldluft und vergewisserte sich des tadellosen Zustands seines Mercedes. Er beschritt die Spuren, die er von der Straße her in den Wald gepflügt hatte, und vermaß sein Glück anhand des Abstands der Wagenspuren von den massigen Baumstämmen, die er passiert hatte. Er ging zurück zu seinem Wagen. Bevor er sich wieder hineinsetzte, prüfte er noch einmal die Unversehrtheit der Frontseite, an der die stacheligen Blätter einer Stechpalme bis in den Kühlergrill ragten. Er startete den Motor und setzte den Wagen vorsichtig zurück auf die Straße. Es war ihm rätselhaft, wie er sich von einem Geräusch derart hatte irritieren lassen können. Im Allgemeinen betrachtete er sich als hervorragenden Autofahrer. Er konnte sich auch an keine Situation erinnern, in der durch sein Verschulden eine Reparatur an seinem oder einem fremden Fahrzeug nötig geworden, geschweige denn eine Person zu Schaden gekommen wäre. Über das Geräusch machte er sich keine weiteren Gedanken. Vielleicht handelte es sich um einen Vorboten eines Migräneschubes.

Er setzte seine Fahrt zur Arbeit fort.

Er fuhr sehr vorsichtig die kurvige Straße ins nächste Tal hinunter. Es war überhaupt kein Verkehr auf dieser Straße. Er schaltete das Radio ein und schob die Kassette mit Bruckner hinein. Bei Bruckner träumte er sich für gewöhnlich gern an einen der windigen Tage auf seine Jacht, irgendwo auf dem Bodensee kreuzend oder in einem der Häfen liegend. Doch im Augenblick stellte sich keine dieser Erinnerungen ein. Er wollte vielmehr zurückfahren, einfach anhalten, umkehren, Alexa überraschen. Hallo Alexa, ich bin dir nicht böse, laß uns nach oben gehen. Und Leoni würde in der Nähe sein und spielen, während sie miteinander schliefen. Und auf einmal fiel ihm das Puppenschloß ein, das sich Leoni so sehr zu Weihnachten wünschte. Ein weißes Puppenschloß mit blauen Fensterläden. Er nahm sich vor, das Puppenschloß noch an diesem Tag zu kaufen. Und er nahm sich vor, noch an diesem Tag mit seiner Frau zu schlafen. Vielleicht würden sie Leoni gemeinsam ins Bett bringen, und wenn sie schliefe, würden sie das Puppenschloß aus dem Wagen holen und es sich ansehen, und vor den Toren des Schlosses würden sie miteinander schlafen, so daß er einen Blick hineinwerfen könnte, einen Blick durchs Fenster hinein, während er in Alexa eindrang.

Die Straße machte einen Knick, durchquerte einen Viadukt und mündete in einem Dorf. Er hielt an einer roten Ampel, vor ihm eine vielbefahrene Straße. Er stellte sich Leonies Gesicht vor, wenn sie das Puppenschloß auspackte, wenn sie es gemeinsam zusammen aufbauten, und er stellte sich Alexa vor, wie sie ihm dabei durch die Haare führe und wie Leoni die Prinzessin im Turm entdeckte. Die Ampel sprang auf Grün. Er sah auf das Grün. Hinter ihm hupte jemand. Er sah auf das Grün, und er sah auf die Kreuzung, und er sah einen verärgerten Mann im Rückspiegel, und er sah auf das Grün, und er sah auf die Kreuzung, und er sah den Mann im Rückspiegel, und er sah auf das Grün, und er sah einen Wagen an sich vorbeiziehen. Die Ampel sprang auf Rot. Vor ihm setzten sich die Wagen in alle Richtungen in Bewegung. Er steckte sich eine Zigarette an. Er hatte die Orientierung verloren. Er wußte nicht mehr, an welcher Kreuzung er sich befand. Er hatte vergessen, in welche Richtung er mußte. Ihm wurde schwindlig, denn er wußte auch nicht mehr, ob er wirklich zur Arbeit wollte oder ob er sich bereits auf dem Rückweg zu Alexa befand. Er saß in seinem Wagen und rauchte eine Zigarette, und er saß da und blickte auf den Verkehr, und er sah in den Rückspiegel, wo keiner mehr stand. Er konnte sich nicht erinnern, schon einmal an dieser Kreuzung gewesen zu sein. Er konnte sich auch nicht erinnern, falsch gefahren zu sein. Er wendete den Wagen und fuhr zurück. Er fuhr durch das Dorf in den Wald hinein, über die kurvige Straße hinauf, vorbei an der Stelle, an der er von der Straße abgekommen war. Er fuhr die Strecke seit mehr als zwanzig Jahren. Wie konnte ihm so etwas passieren. Er war noch nie falsch gefahren. Und als er die nächste Ort-

schaft passierte, erschrak er, denn er kannte sich ganz und gar nicht
mehr aus. Er hielt den Wagen vor einer Bäckerei, stieg aus und be-
trat das warme Geschäft, um nach dem Weg zu fragen. Als einzi-
ger Kunde war er gleich an der Reihe, und er wollte gerade fragen,
wohin er fahren mußte, da wurde ihm schlecht, und er erbrach sich
in den Behälter für die Regenschirme. Er wußte weder, wohin er
fahren wollte, noch wohin er fahren könnte. Er entschuldigte sich,
reichte einen Schein über die Theke und verließ die Bäckerei. Im
Wagen zündete er sich eine Zigarette an. Jemand klopfte an die
Scheibe. »Soll ich einen Arzt rufen?«
Er kurbelte die Scheiben hinunter. »Danke, es geht schon wieder.«
»Sie sehen nicht gut aus«, sagte die Frau.
»Nein, hören Sie, es ist nichts. Bitte entschuldigen Sie, dass ich
Ihnen diese Umstände mache.« Er zog sein Portemonnaie aus der
Jackentasche.
»Nein, nein«, sagte sie, »ich möchte kein Geld von Ihnen.« Sie
reichte ihm auch den Schein zurück, den sie im Laden erhalten
hatte. »Hören Sie, ist wirklich alles in Ordnung?«
»Ja, danke, wirklich, vielen Dank.« Eine Visitenkarte, dachte er,
eine Visitenkarte, natürlich. »Warten Sie noch einen Augenblick!«
Er durchsuchte sein Portemonnaie nach der Karte und fand sie:
AIX-Tapetenfabrik, Stefan Korittke, stellvertr. Direktor. Er starrte
auf die Karte. »Hören Sie, wie komme ich von hier in die Stadt?«
Sie meinte, da befände er sich auf dem richtigen Weg, immer geradeaus, durch den Wald, durch den Viadukt und dann links, dann
den Schildern folgen. Er bedankte sich nochmals.
»Fahren Sie vorsichtig, im Wald ist es zu dieser Jahreszeit sehr rut-
schig, verstehen Sie, wegen dem nassen Laub auf der Straße, das ist
gefährlich.«
»Danke, ich werde aufpassen.« Er kurbelte das Fenster hoch und
fuhr los. Er passierte abermals die Stelle, an der er ins Schleudern
gekommen war und durchquerte den Viadukt, bog an der Kreuzung links ab und reihte sich in den Verkehr ein. Er rauchte noch
eine. Auf dem Beifahrersitz lagen neben seinem ausgeleerten Portemonnaie all seine Papiere, all die Karten und Ausweise, die in der
Lage waren, ihn zu identifizieren. Er selbst hingegen erfuhr einen
Gedächtnisverlust, der ihn erschreckte. Stellvertretender Direktor.
Er konnte sich nicht erinnern. Er vermochte sich nicht einmal an
die Ortschaft zu erinnern, die dort auf dem Ausweis stand, dort,

wo er mit Alexa und Leoni wohnte. Er konzentrierte sich aufs Fahren. Er folgte den Hinweisschildern in die Stadt. Er könnte Alexa anrufen. Er könnte sie anrufen, ja, aber das würde sie verunsichern.

Nein, er würde zuerst zur Tapetenfabrik fahren und sich krank melden. Dann könnte er Alexa die ganze Sache Zuhause erklären, und wenn sich sein Erinnerungsvermögen nicht wieder einstellte, würde er wahrscheinlich einen Arzt aufsuchen.

Es dauerte nicht lange, bis er das Verwaltungsgebäude der Tapetenfabrik ausfindig gemacht hatte. Beim Betreten des Hauses wurde ihm gleich wohler, denn sowohl die Drehtür, die er durchschritt, als auch die Empfangshalle waren ihm sehr vertraut. Eine junge Frau begrüßte ihn euphorisch: »Guten Morgen Herr Korittke, das ist ja eine Überraschung. Kommen Sie mit, Herr Zalfen ist leider gerade zu einer Besprechung. Kommen Sie, wir fahren gleich hoch.« Er folgte ihr. Sie betraten den Aufzug.

»Geben Sie mir Ihren Mantel!« sagte sie.

»Hören Sie«, begann er und gab ihr den Mantel. Die Tür öffnete sich. Sie betraten das Vorzimmer.

»Ich mache Ihnen gleich einen Kaffee, trinken Sie ihn immer noch schwarz?«

»Nein, hören Sie, ich …« Er blickte sich um. Er befand sich in seinem Vorzimmer. Den Leuchtturm von Edward Hopper hatte er an die Wand hängen lassen. Er öffnete die Tür zu seinem Büro, sein Name stand nicht mehr darauf.

»Hören Sie, Sie können dort nicht …«, rief ihm die Sekretärin nach. In seinem Büro saßen drei Männer um einen runden Tisch und blickten ihn an. »Entschuldigung, ich …«

»Herr Korittke, einen wunderschönen guten Morgen.« Einer der Herren stand auf und reichte ihm die Hand. »Schön Sie zu sehen, das ist ja eine Überraschung. Frau Richter, machen Sie Herrn Korittke doch einen Kaffee.«

»Nein, nein, ich kann nicht an der Konferenz teilnehmen, sagen Sie das den Herrschaften und bitten Sie um Nachsicht. Ich fühle mich heute nicht gut.«

»Herr Korittke, immer noch ganz der Alte.« Der Mann legte eine Hand auf Korittkes Schultern. »Ich glaube, wir sind hier in einer Viertelstunde fertig, dann kann ich Ihnen Ihre ehemalige Wirkungsstätte gerne zeigen. Wir haben einiges verändert.«

»Verändert?«

»Ja, die Werbeabteilung haben wir komplett ausgegliedert, sie befindet sich jetzt auf der anderen Straßenseite. Herr Korittke, entschuldigen Sie bitte, aber ich werde Ihnen gleich alles erklären. Frau Richter wird Ihnen bis dahin sicher die Zeit vertreiben.« Ko- rittke spürte, wie die Hand des Mannes, die auf seiner Schulter lag, ihn nachdrücklich aus dem Zimmer drängte.

»Herr Korittke, es tut mir wirklich leid, aber Sie wissen ja noch, wie das ist.« Der Mann lachte.

»Ja, ja, machen Sie sich wegen mir keine Umstände, ich …, ich wollte auch gar nicht …«

»Ein wichtiger Kunde, Herr Korittke« flüsterte der Mann und deutete vom Vorzimmer aus auf das Büro zurück. »Machen Sie es sich bequem und fühlen Sie sich wie Zuhause!«

Er ging zurück in das Büro und schloß die Tür hinter sich zu.

»Entschuldigen Sie, ich brauche ein wenig frische Luft«, sagte Korittke zu der Sekretärin und ging zum Aufzug zurück.

»Warten Sie, Ihr Mantel!« sagte sie.

Die Tür öffnete sich. »Ich begleite Sie nach unten. Wie geht es eigentlich Ihrer Tochter?«

»Meiner Tochter?« Er zog den Mantel gleich über.

»Ja, ich habe neulich einen Artikel über die Ausstellung in Chicago gelesen, da gab es ein Interview mit Ihrer Tochter. Das ist wirklich sehr eindrucksvoll, was sie dort auf die Beine gestellt hat. Glauben Sie mir, das ist nicht einfach für eine Frau.«

»Nein, nein, das hat Sie wirklich großartig …, also es ist ihr wirklich gelungen …, entschuldigen Sie, aber ich fühle mich nicht gut, ich werde wieder nach Hause fahren, entschuldigen Sie, ich werde demnächst noch einmal vorbeischauen.« Er verabschiedete sich und schritt auf die Drehtür zu, als die Sekretärin ihn noch einmal rief: »Herr Korittke«. Er hielt inne und drehte sich um.

»Tut mir Leid, das mit Ihrer Frau«, sagte sie.

Er nickte und verließ die Tapetenfabrik.

Christoph Steier // FUNKSTILLE

Irrer Himmel. Die Fenster der benachbarten Platte quellen über vor blaurosa Licht, mittendrin stahlgraue Wolkenkleckse. Alles leuchtet, ein riesiges Lavafeld, ein Meer aus Schlumpfeis. Jasper atmet durch und inhaliert tief. Er hält mir den Stick hin, aber ich will jetzt nicht. Bin ganz berauscht vom Farbenspiel. Schon das nächste Haus liegt im Schatten, stumpf glotzen die leeren Fenster zwischen den graubraunen Platten hervor. Wir sind den ganzen Sommer nicht auf dem Dach gewesen, und morgen geht schon das neue Schuljahr los. Das letzte. Die Sonne wärmt meinen Rücken, die Dachkiesel sind noch ganz warm, und vor mir liegt dieses irre Licht in den Fenstern. Besser als Kino.

Jasper hustet, streicht sich eine Strähne aus der Stirn und untersucht sein Knie. Beim Hochklettern hat er sich die Hose aufgerissen, es blutet ein bißchen. »Nie wieder Platte, endlich raus hier!« Von hier oben ist es eigentlich ganz in Ordnung. In Berlin sind Platten ja schon wieder der letzte Schrei. Klar, unsere hier pfeifen eher auf dem letzten Loch. Sechzig Prozent Leerstand. Jeden Tag neue nackte Fenster. Am Tag alles wie ausgestorben, am Abend kläffen die Hunde, und in der Nacht kreischen die Säufer und Verrückten. Sogar Mama verliert langsam den Glauben an ihr Viertel. Dabei hatte alles so glänzend begonnen. Na ja, vielleicht wird es nach Hartz IV wieder voller, meinte sie neulich verbittert.

Jasper und seine Mutter wollten vom ersten Tag an weg. Muss man verstehen, für sie war das ja ein Riesenabstieg. Sind erst nach der Wende aus dem Regierungsviertel hier hin verfrachtet worden. Sein Vater hat sich schon abgesetzt, bevor die Wende überhaupt feststand. Ganz hohes Tier gewesen, flüstert man. Und dann mit einem Schlag alleinerziehend mit Sozialhilfe. Wir waren gerade mal drei im November 89, aber Jasper wußte ganz genau: Sein Vater war in Amerika und würde ihn bald holen.

Was soll ich sagen, wir sind immer noch hier. Gerade mal bis aufs Dach gekommen, nach fünfzehn gemeinsamen Jahren. Und morgen geht's in die letzte Runde. Fünfzehn Jahre Ausbruchpläne.

Jasper lässt sich auf den Rücken plumpsen und drückt den Joint zwischen die Kiesel. »Weißte, jetzt hab ich's endlich, wie wir die große Kohle machen.«

Ich lasse mich neben ihn fallen und blinzele zu ihm rüber. »Na was?«
»Ey, die Eskimos gehen doch bei über null Grad sofort im T-Shirt raus und sonnen sich …«

»Ja und?«
»Na ja, wir machen für die einen auf Reiseveranstalter, kaufen im Winter die verwaisten Strandhotels in Polen billig auf und verscherbeln das den Eskimos für gutes Geld als Sonnenurlaub. Das lohnt sich für die schon allein wegen dem Alkohol!«
»Geile Idee, Alter …«
Ich bin nicht ganz überzeugt, aber er redet sich jetzt rein. Kriegt dann immer rote Backen.
»Guck doch mal, die Türken machen das genauso. Weißte noch, auf der Studienfahrt? Für die ist es kalt und doch haben sie ihre ganzen Schuppen voll mit unseren Frührentnern, die da mit ihrem Wanst in der Sonne überwintern.«
Okay, das hat was, denke ich und schmeiße ein paar Kiesel über die Dachkante. Um die Uhrzeit traut sich ja eh keiner mehr raus.
»Prost, Alter, auf die Eskimos!«
Jasper hat zwei Bier aus der Tüte hinter seinem Kopf gekramt und hält mir eins hin. Wir sind die Geilsten, denke ich und stütze mich zum Trinken auf die Ellbogen. Der Kies knirscht, und es tut auch ein bißchen weh. Die Größten, echt. Sind die Einzigen aus unser Klasse, die immer noch hier in Platte wohnen, und schieben in Gedanken die Eskimos vom Nordpol an die Ostsee zum Winterbaden.
»Auf die Eskimos!«

Es ist schon gut, so einen wie Jasper zu haben. Mit dem man einfach da liegen und auch mal nichts quatschen kann. Es ist einer dieser Augusttage, wo sich die Kälte am Abend so langsam und in dünnen Schichten zwischen die Wärme schiebt. Man kann dann fast mit der Hand durch die Schichten fahren und streift schon den Herbst.
Es ist vielleicht ein bißchen dumm, dass ich so was besser nicht bei Jasper sage. Sowieso kann man nicht immer über alles quatschen. Aber egal. Wahrscheinlich denke ich einfach zu viel. Es ist großartig, einfach hier zu liegen mit ein paar Bier und über alle Häuser hinweg in den Himmel zu gucken. Einfach da sein und gut. Ist ja auch bescheuert, allein schon meine Vergleiche immer …

Auf der Nordhäuser dröhnt ein Krankenwagen vorbei, es dringt kaum hier hoch.

»Ey, bald müssen die vom Europaplatz sich doch mal alle todgekloppt haben!« gähnt Jasper und langt nach einem neuen Bier.

»Stimmt schon, da fahren echt jeden scheiß Abend zehn Krankenwagen hin!«

Vom Bier und der Sonne bin ich ganz ruhig geworden, und in der Dämmerung werde ich eh immer melancholisch. Manchmal habe ich dann so ein Weltvertrauen, daß alles noch gut wird und es noch ganz andere Sachen gibt als das hier.

Schreiben wäre so eine Sache. Ich bin nicht gut oder so, aber ich mag es, wenn der Stift übers Papier geht und manchmal einfach so Sachen auftauchen, die ich ohne Schreiben gar nicht denken würde. Als wäre ich ein Anderer.

Ich fasse Jasper am Arm. Er zuckt ein bißchen, hält aber still. Manche Dinge muß ich einfach aussprechen, weil sie nur so im Kopf gar nicht richtig da sind. Auch wenn Jasper alles haßt, was mit der echten Zukunft zu tun hat, muß ich das jetzt mit ihm besprechen.

»Vielleicht rufe ich morgen mal bei der Zeitung an und frage, ob ich für die'n bißchen berichten kann. Weißt schon, Karnickel und Tauben und so …«

Jasper zieht den Arm weg und richtet sich auf. »Alter, was geht'n? Das laß mal schön die kleinen Mädchen machen. Wart mal ab, wir ziehen schon noch unser Ding auf. Karnickel, hier, Alter!«

»Aber man muß doch irgendwie'n Fuß in die Tür kriegen. Ich würde das schon gerne machen, mich da einarbeiten und vielleicht irgendwie reinrutschen.«

»Alter, weißte denn nicht, daß die überhaupt nix mehr verdienen? Da kannste ewig arbeiten und landest maximal da drüben!«

Jasper wirft den Kopf in den Nacken und zeigt auf Marbach, wo gerade die Sonne hinter den endlosen Reihenhäusern untergeht. Dann steckt er sich eine Kippe in den Mund. Mein Schweigen stört ihn nicht weiter. Wahrscheinlich ist er sogar froh, daß das Thema vom Tisch ist. Nach ein paar Zügen dreht er sich auf die Seite, stützt sich auf den linken Ellbogen und haut mir mit der flachen Hand auf den Bauch.

»Nee, nee, Alter, nix Hofberichterstatter bei'n Taubenzüchtern. Wir stellen selber was auf die Beine, und dann können die über uns berichten!«

Nach ein paar stillen Minuten springt Jasper auf, wahrscheinlich fällt ihm auch nicht ein, was genau wir denn machen werden, und schlurft zur Kante. Ich kann da nicht hingucken, Höhenangst. Der Himmel ist nun leuchtend orange und Jasper nur ein Schattenriß mit Glut im Maul. Ganz dürr steht er da und hat schon einen krummen Rücken wie ein alter Mann. Jasper Superstar. Amerika. Eskimos. Das große Ding. Schon klar. Jetzt läßt er natürlich die Hose runter und schifft in den Abgrund.

Er kommt zurück und säuselt mit nachgemachter Mädchenstimme: »Was mit Meeeedien willste machen? Ich zeig dir was mit Medien, komm mit!«

Er zieht mich hoch und ascht dabei auf meinen Unterarm, tut aber nicht weh. Dann rennt er die paar Schritte zur Satellitenschüssel und bleibt mit ineinander verschränkten Händen am Zaun stehen. »Komm schon Alter, Räuberleiter, wie früher!«

Schon bin ich drüber. Jasper schafft es auch allein. Die Schüssel ist riesig, bestimmt drei Meter Durchmesser. World Connection steht da in dicken, ein wenig abgeblätterten Lettern mittendrin, an den Rändern wächst Moos.

»Heute schon in der Mitte der Welt gestanden?« fragt er grinsend, »komm, wir pflanzen jetzt unsere kleinen Ärsche ins Zentrum des Universums. Dann geht von dir eine direkte Bahn ins Weltall. Und die ganzen Schweine unter uns kriegen ihren Tatort heute quer durch deine Eier gesendet!«

Ich kenne mich mit dem ganzen Technikkram nicht aus und habe ein bißchen Schiß. Die ganzen Strahlungen oder was auch immer, konzentriert und so. Jasper schüttelt den Kopf, als er mein Zögern bemerkt und kriecht in die Schüssel. Es scheint ihm nichts auszumachen, aber ich will noch ein bißchen Zeit gewinnen.

»Meinst du, wir stören wenigstens den Empfang für die? Das wäre doch ne fette Aktion!«

Anstelle einer Antwort stöhnt Jasper plötzlich auf und faßt sich an die Eier. »Aahhhh, uuhhhh!« Dann lacht er auf und grinst mich an. »Jetzt hat meine Antenne gerade einen texanischen Porno reingekriegt. Da ist ja gerade tiefste Nacht!«

Spinner. Toller Amerikaexperte übrigens, da ist jetzt hellster Nachmittag. Das behalte ich aber besser für mich und springe zu ihm in die Schüssel. Wir liegen da in der Kuhle, und es ist eigentlich ganz bequem. Man spürt gar nichts. Schade, ich hatte gehofft, daß sofort

alle Fenster aufgehen und die Leute rumkreischen wegen Sende-
störung und so. Vor ein paar Wochen wurde im Hof einer von den
Fidschis halbtot gehauen und kein Fenster ging auf.

»Geile Location Alter, ey, daß wir darauf nicht früher gekommen
sind!«

»Jo, aber zum Glück gibt's ja noch Überraschungen im Leben …«

»Bla bla, kannste gleich morgen in mein Poesiealbum schreiben.
Alter, echt!«

Wir schweigen lange und starren in den Himmel. Die ersten Sterne
tauchen auf, und es wird langsam dunkel. Irre Vorstellung, daß irgendwo da oben ein Blechding seine Bahnen zieht und seine Strah-
len durch mich durch sendet. Klar, ständig gehen ja irgendwelche
Wellen durch die Luft und durch einen durch, aber das hier ist
noch mal anders. Fast wie eine Wiege. Es ist ganz ruhig, nur hier
und da wird das Nachtbrummen von einem Raser durchbrochen.
Jasper atmet gleichmäßig und flach, wahrscheinlich ist er einge-
pennt.

Der Polarstern ist ein großer Dotterstern. Immer fallen mir nur Es-
sensvergleiche ein. Egal, ich bin noch jung, kenne noch kaum was.
Es wartet aber da draußen, ganz sicher. Polarstern, Eskimos, du
Spinner. Ich gehe jedenfalls morgen erst mal bei der Zeitung vorbei, sag, was du willst, alter Träumer …

Als ich wieder aufwache, ist Jasper verschwunden. Seine Jacke hat
er mir da gelassen. Ich decke mich zu und gucke mit verschränkten Armen in die Sterne. Am Kragen riecht der Jeansstoff nach fünfzehn Jahren mit Jasper. Das ist okay. Ich döse ein wenig weiter
und mir ist, als hätte ich eine Sternschnuppe gesehen. Vielleicht
auch Einbildung. Jedenfalls habe ich die Jacke ein bißchen fester an
mich gezogen und meinen Wunsch gemurmelt. Nicht für mich,
sondern für Jasper. Daß er ein paar echte, eigene Wünsche kriegt.
Ich selbst habe ja genug davon, und das wird mich schon zum Laufen bringen.

Heute nacht aber laufe ich nichts mehr hinterher. Ich werde genau
hier bleiben, wo ich für jetzt alles habe. Hier, in meiner Weltraum-
wiege, wo Millionen Botschaften durch mich hindurchgehen und
ich doch ganz bei mir bin. Bei mir und all dem, was da draußen
noch auf mich wartet. Gute Nacht.

Ulrike Ulrich // DER HARTE KERN

Sie hat ein Händchen. Das sagen ihre Freunde und Freundinnen
und deren Freunde und Freundinnen. »Bei dir lernt man immer
Leute kennen, denen man sonst nie begegnen würde«, meinte
Karla, nachdem sie sich länger mit dem Telefontechniker unterhalten hat. »Du hast so eine geistreiche Freundin«, hat der Telefontechniker gesagt, »kannst du mir ihre Telefonnummer geben?«
»Bei dir muß man keine Angst haben, allein herum zu stehen«, bestätigt selbst die kontaktscheue Nachbarin, die irgendwann mal in
die nähere Auswahl des erst kurz zuvor im Freundeskreis aufge-
tauchten Womanizers geraten war. Dem Womanizer, der wenig
später wieder abtauchte, war kein Feedback zu entlocken. Aber die
Nachbarin hat sich auf der nächsten Party sehr gut mit Tom und
Michael unterhalten. Der eine ist Barmann in ihrer Stammkneipe,
den anderen hat sie an einer Vernissage kennen gelernt, bei der
Suche nach den Toiletten.
Sie bringt Leute zusammen, stellt sie einander vor, kümmert sich
selbst um die Vereinsamten. Und sie vergißt nie, was sie schon von
ihrer Mutter gelernt hat: Eine Gastgeberin, die sich nicht selbst
amüsiert, ist keine gute Gastgeberin. Spätestens um elf entbindet
sie sich von ihren Pflichten. Wer jetzt noch nicht weiß, wo die Ge-
tränke stehen, ist selbst schuld. Sie tanzt, flirtet und trinkt. Wenn
nur die Nachwirkungen nicht wären. Sie hat es satt, die Reste zu
versorgen. Einmal der Telefontechniker, das nächste Mal der kaum
noch transportfähige Ex-Freund von Claudia. Jedes Mal gibt es
einen, der bleibt. Irgendeiner, der auf ihrem Sofa übernachtet oder
ganz selten in ihrem Bett, der am nächsten Morgen oder eher gegen
Mittag einen Kaffee will, ein Bier oder eine Zahnbürste. Immer
gibt es so einen. Manchmal sind es sogar mehrere, die sich gemeinsam für den harten Kern halten und hartnäckig weiter trinken. Sie läßt sie trinken, bis auch der letzte Likör von Tante Paula
aufgebraucht ist. Nur einmal hat sie einen rausgeschmissen. Das
war so ein Mitgebrachter von einem Mitgebrachten, der sich erst
ins Waschbecken übergeben hat und sie dann noch küssen wollte.
Die anderen lässt sie liegen. Sie beginnt morgens mit Aufräumen
und versucht beim Spülen, nicht zu laut mit den Tellern zu klap-
pern. Sie leert die Kippen aus den Aschenbechern und halbvollen

Bierflaschen ins Klo und öffnet die Fenster. Der Rauch bleibt hartnäckig wie das Schnarchen des jeweiligen Mannes, der garantiert
erst aufwacht, wenn sie fertig ist. Manchmal wird einer vom Tele-
fon wach, wenn ihre Mutter anruft, um zu fragen, ob das Fest ein
Erfolg war. Oder Karla, die wissen will, ob der Typ mit den Kote-
letten noch lange oder sogar ganz da geblieben ist. Sie sagt dann
meist, sie könne jetzt nicht reden, was als Auskunft gilt und mit
»Siehst du« quittiert wird, weil Karla das ja schon lange vorausge-
sehen hat. Später treffen sie sich dann zur Nachbesprechung, die
mindestens so schön ist wie das Fest selbst.

So war es immer – von ihrer ersten Sturmfreiparty in der Wohnung
der Eltern bis zur letzten Halloween-Party. Und jetzt wird sie
Dreißig.

Sie findet, daß Dreißig ein klischeehaftes Alter ist. Sie würde es
gern überspringen. Aber sie ist nicht der Typ, der über den Geburtstag in Urlaub fährt oder sich sang- und klanglos verhält. Sie
ist sogar schon mal in der Mittagspause von der Arbeit nach Haus
gefahren, weil sie vergessen hatte, das Band des Anrufbeantworters
zurückzuspulen. Nur um keine Gratulation zu verpassen.

Diesmal feiert sie hinein. Damit sie nicht allein ist, wenn der Zei-
ger klickt, damit niemand vor Zwölf gehen kann und damit sich
einen Moment lang alles um sie dreht. Sie will eine große, glanz-
volle schöne Feier, sie will etwas wirklich Rundes. Diesmal soll
auch der Abspann perfekt werden. Keine Zufälle. Keine Pflege-
fälle. Alles nach Plan.

Franz soll bleiben. Nicht übrig, sondern bei ihr. Vielleicht nicht für
immer, aber auch nicht bloß zum Ausnüchtern. Sie hat Franz beim
Schauspielkurs kennengelernt. Er war gleich beim ersten Mal zu
spät gekommen und hatte bei den Aufwärmübungen einen Salto
aus dem Stand gemacht. Sie haben ein paar Mal nachher mit den
anderen Teilnehmern was getrunken und sich zweimal allein getroffen.

Wenn er nicht dabei wäre, hätte sie den Kurs geschmissen oder sich
vielleicht sogar der Gruppe von Teilnehmern angeschlossen, die
sich beim Verbraucherschutz beschwert hat. Die Leiterin trinkt
schon mittags Tequila und raucht Kette. Ihr Assistent scheint sie
beschützen zu wollen. Er trägt Springerstiefel, an der rechten
Hand fehlt ihm der Daumen. Es heißt, der sei ihm abgeschnitten
worden, als er die Bewegung verlassen hat.

Franz findet das alles okay. Er flirtet mit der betrunkenen Schau-
spiellehrerin und lacht über die spießigen Teilnehmer. Letzte
Woche war sie mit bei ihm zu Hause. Sie haben in der Küche ge-
sessen und über den Kurs gesprochen. Franz sagte, es ginge ihm // 61
alles zu langsam. Diese endlosen Diskussionen. Er halte dieses
Nichtstun nicht aus, dieses Stillhalten. »Du bist auch so eine«,
meinte er, »aber ich mag dich trotzdem«. Immer wieder ist einer
seiner Mitbewohner reingekommen. Steffen und Patrick sind wie
Franz Anfang zwanzig, groß, hager und Diesel-bekleidet. Der
vierte, Robert, ist rundlich und sieht zehn Jahre älter aus. Ein
bißchen liegt das auch an seinem Vollbart und der häßlichen Kas-
senbrille. Robert fing an zu kochen, und es war selbstverständlich,
daß alle mitessen durften, als er fertig war. Beim Essen wurde über
Clubs, DJs und Lokalverbote geredet. Sie konnte nicht folgen. Sie
saß mit vier Männern bei Ravioli und Cola und versuchte, das
schön zu finden. Als die anderen in ihre Zimmer gingen, holte
Franz Fotos hervor, von sich mit langen Haaren und Surfbrett
unter dem Arm. Sie wußte nicht, was er damit bezweckte. Er sagte:
»Früher war ich ganz anders.« Sie findet ihn auch jetzt noch schön,
trotz der Blässe und der eingefallenen Wangen. Als Robert irgendwann reinkam und sagte, er würde jetzt gehen, meinte Franz:»Du,
ich muß morgen früh aufstehen.« Es war noch nicht elf, und auf
dem Heimweg fuhr sie in einen Nagel und mußte das Fahrrad
schieben.

Auf dieses Fest hat sie gesetzt. Sie wird ihr 31. Lebensjahr mit
Franz beginnen, mit Franz, der Gitarre spielt, Gedichte auf
Rätoromanisch schreibt und dessen Augen so tief liegen, daß fast
immer ein Schatten darauf fällt. Bei ihren Festen wird er von Anfang an dabei sein und ihr beim Gastgeben helfen. Am Ende werden sie zusammen die letzten Gäste verabschieden, zusammen
schlafen und nachher zusammen über die schlechten Witze von
Michael herziehen und das unmögliche Oberteil von Claudia.
Diesmal ist er nicht von Anfang an dabei. Sie trinkt Ananasbowle
und wartet. Jedes Mal, wenn sie die Tür öffnet, muß sie ihr Gesicht
festhalten. Sie will nicht so fixiert sein. Sie will präsent sein, sich
freuen, nicht betrunken sein, bevor es richtig losgeht.
Franz kommt mit Steffen und Patrick. »Ich konnte sie nicht ab-
schütteln, ist doch ok, oder?« fragt er ganz nah an ihrem Ohr. Und

dann: »Wo ist denn das Bier?« Das Bier liegt in der Badewanne. Er hat keine Tasche, keine Jacke. Sie schluckt. Er hat kein Geschenk. Nachher steht er bei Steffen und Patrick, und sie stoßen mit ihren

Flaschen an. Zwischendurch schaut er zu ihr rüber, lächelt. Sie glaubt sogar eine Veränderung in seinem Gesicht zu bemerken, als Tom kommt und sie überschwänglich abküßt. Ihre Freundinnen wollen wissen, wer die drei großen gut aussehenden Männer sind und wo sie die schon wieder aufgetrieben hat.

Um Mitternacht wird gesungen. Sie steht strahlend in der Mitte. Alle sind da. Alle, die wichtig sind, und noch ein Haufen mehr. Sie wird umarmt, beglückwünscht und beschenkt: CDs von Bands, die sie nicht kennt, Bücher mit und ohne Widmungen, Ohrringe, Badeperlen vom Bodyshop und eine aufblasbare Palme. Alle haben schon gratuliert. Steffen und Patrick haben sie gemeinsam hoch gehoben. Jetzt fehlt nur noch Franz. Er kommt auf sie zu, umarmt sie und fingert aus der Außentasche an seinem linken Hosenbein mehrere gefaltete Zettel. Er hat ihr ein Gedicht geschrieben, auf Rätoromanisch, aber die Übersetzung ist auch dabei. Sie soll es nicht jetzt lesen. Lieber nachher. Für jemand, der Schauspieler werden will, kommt er ihr sehr verlegen vor. Später tanzen sie zusammen. Sie sind beide ein bißchen betrunken. Sie tanzen eng und singen sich gegenseitig die Refrains der Lieder vor. »You to me are everything.«, »Besa me mucho«, »Stay«. Als er mitsingt bei: »Du trägst keine Liebe in dir«, schüttelt sie heftig den Kopf.

Steffen klopft Franz auf die Schulter. »Wir müssen gehen.« Jetzt schüttelt Franz den Kopf. Sie bemerkt, daß es schon leerer geworden ist. Manche haben sich gar nicht verabschiedet, manche nur gewunken. Einige sind gerade dabei aufzubrechen. Es ist noch nicht spät, aber ihretwegen können jetzt ruhig alle gehen. Alle außer Franz.

Franz ist in den Flur gegangen und streitet mit Patrick und Steffen. Seine Stimme ist sehr laut. Selbst im Kurs beim Wutdarstellen hat sie ihn nicht so schreien hören. Sie hört die Tür knallen. Dann kommt er zu ihr zurück, hebt sie hoch und wirbelt sie herum, bis sie »Halt« ruft. Franz bleibt. Und sogar Claudias Ex-Freund ist sensibel genug, irgendwann mit dem Trinken aufzuhören und sie allein zu lassen. Sie stehen sich gegenüber. Franz schwankt ein bißchen. Er hält sich an ihr fest. »Soll ich dir jetzt das Gedicht vorlesen?« Sie setzen sich aufs Sofa und er liest vor, erst auf Rätoro-

manisch, dann auf Deutsch. Sie hat Tränen in den Augen. Es ist so schön, noch schöner, als sie es sich vorgestellt hat. Franz umarmt sie. Dann beginnt er zu weinen. Richtig zu weinen. Sie will ihn küssen. Aber er wehrt sie ab. Er sagt, er müsse ihr erst etwas sagen. Er sei letzte Woche zuhause gewesen und habe seine Schwester geschlagen. Das sei nicht das erste Mal gewesen. Sie habe sogar ein bißchen geblutet. Er sei einfach ausgezuckt.
Sie schaut ihn an wie einen Film. Sie denkt, er spielt eine Rolle. Er will sie provozieren. Irgendwas herausfinden. Aber er weint einfach weiter. Sie will wissen, warum er das getan hat. Sie will hören, daß er nichts dafür konnte. Alles soll wieder heil werden. Sie fragt ihn nach dem Grund. Er lacht kurz auf, wie ein Aufstoßen. Er sagt, daß er nicht bleiben kann, wegen Robert und den anderen. Er muß jede Nacht in der Wohngemeinschaft sein. Aber sie könne mitkommen. Das würde gehen. Sie versucht in seine Augen zu schauen, legt ihre Hand auf sein Bein. Er sagt, sie solle keine Angst haben, sie würde er nicht schlagen, und die anderen wären ja auch da. Und Robert sei wirklich sehr okay. Er sagt, daß er schon seit einem halben Jahr dort wohnt und daß es eine Chance ist. Er hält ihre Hand, drückt sie fest. Er sagt, daß auch sie eine Chance ist. Daß er sie sehr mag.
Er hat es gesagt, denkt sie. Heute, an ihrem dreißigsten Geburtstag, hat er es also gesagt. Und wenn sie mitginge, wäre das immerhin eine Veränderung. »Komm doch mit«, sagt er und fährt mit den Fingern nervös über die Innenfläche ihrer Hand, bis sie ihn abschüttelt. Sie zieht die Füße an sich heran, umarmt ihre Knie und sagt: »Ich muß doch hier aufräumen!«

Stephan Waldscheidt // EDUARDS BEIN

Ein Bein war alles, was Karin von Eduard geblieben war. Sie fand es dreihundert Meter von ihrem Bungalow. Die geblümten Shorts hatten neunzehnfundneunzig gekostet, Sommerschlußverkauf, obwohl es den ja offiziell nicht mehr gab. Die Shorts waren ganz geblieben, doch zwei der drei Öffnungen hingen schlaff und leer. Es war ohne Zweifel Eduards Bein. Das Pflaster am Oberschenkel – er hatte sich gestern beim Schwimmen an einer Muschel die Haut aufgerissen – das Pflaster war noch an seinem Platz. Etwas so Winziges, wo alles größere verstreut lag. Alles, ja, die Anlage existierte einfach nicht mehr. Da drüben stand eine gekachelte Wand, allein, die Kacheln mit blau-apfelsinenfarbenen Kreisen, die Rückwand der Papaya-Bar. Noch gestern hatte der Barkeeper mit dem Goldzahn mit Karin geflirtet oder zumindest mit ihr gelacht. Eduard mochte ihn nicht, er mochte die Einheimischen nicht. Alles Serviceroboter, wie er sie nannte. Er hatte das scheußliche Wort irgendwo gelesen und benutzte es ununterbrochen.

Karin zerrte sein Bein ganz aus dem Sand, einigen Bambusstangen, dem Fetzen einer Markise und dem verbogenen Reifen einer Fahrradriksha, Teile von unvereinbaren Elementen, die große Hitze zusammengeschweißt hatte. Das Bein zog schwer an ihr, als wäre es ein eigenständiger, kleiner Mensch, und das, obwohl sie größer war als Eduard, wenn sie ihre Hochhackigen trug. Zum Glück bedeckten die Shorts die Wunde.

Glück.

Das Bein war nicht starr, wie sie erwartet hatte, sondern gelöst wie ein Schlafender. Es sah brauchbar aus. Wie ungerecht, daß ein solches Bein zu nichts mehr nützen durfte, nicht mehr zum Stehen oder Gehen oder Laufen. Zum Auskuppeln. Es war Eduards linkes Bein. Er war so gerne Auto gefahren, viel zu schnell, gerade dann, wenn er getrunken hatte. Gewandert war er auch gerne, in Tirol und einmal auf Mallorca, aber trinken war ihm in letzter Zeit das Liebste gewesen.

»Das Allerallerliebste.«

Sie hatte seine verwaschene Stimme noch im Ohr.

Besser er trinkt, als wenn er eine andere hätte, war, was Gerda dazu meinte. Gerda, die in ständiger Panik lebte, daß ihr Rolf mit einer

Jüngeren abhaute, dabei hätte Karin die Frau gerne gesehen, die mit Rolf ... Im Urlaub trank Eduard von morgens bis abends, all inklusive, auch der Ehekrach.

»Du mußt das verstehen«, hatte er gesagt und gegrinst, Eduard war ein großer Grinser, wenn er getrunken hatte, »du mußt verstehen, daß ich mit jedem Drink mehr Geld spare.«

»Du hast schon genug gespart für unseren nächsten Urlaub.«

»Siehst du.«

Eduard hatte schon nüchtern seine Schwierigkeiten mit Ironie.

Karin legte sich das Bein über die Schulter. Zwei Männer, Asiaten, rannten an ihr vorbei und riefen etwas und gestikulierten, überall am Strand und zwischen dem Dreck und dem Holz und den zerbrochenen Steinen liefen die Menschen und schrieen, aber es gab auch andere, die wie sie einfach nur dastanden und aufs friedliche Meer hinaussahen. Die nichts begriffen.

Karin begriff, daß sie es nie begreifen würde, ein beruhigendes Gefühl, eine Verläßlichkeit: Sie brauchte sich keine Mühe zu geben mit dem Verstehen, es war sowieso aussichtslos.

Aussicht.

Ein Bungalow mit Aussicht. Unverstellter Blick aufs Meer. Das Meer lag immer friedlich hier und warm. Das vorhin war nur ein Versehen gewesen, die Ausnahme, die die Regel bestätigte.

Sie stapfte ein paar Schritt weiter, das Salzwasser, das in Pfützen überall stand, brannte zwischen ihren Zehen, vermutlich hatte sie sich irgendwo geschnitten. Seltsam, daß all die Häuser, nachdem sie zusammengestürzt waren, keine größere Fläche einnahmen als zuvor.

Sie stieg über zwei Frauen, behutsam, um nicht zu stören, wie man es an vollgepackten Stränden lernt. Sie sah gleich, daß die Frauen tot waren, einer davon fehlte fast der ganze Kopf, aber sie konnte nicht anders, als behutsam und höflich über sie zu steigen. Kurz betrachtete sie den Badeanzug der einen und den Wickelrock der So-gut-wie-Kopflosen und fragte sich, ob sie die Frauen gekannt hatte. Sie schaute sich nach dem Kopf um, irgendwo mußte er doch sein, und sie scharrte ein bißchen mit den Zehen im Sand, irgendwo war er bestimmt, aber vielleicht sollte sie zuerst Eduard suchen. Sie schrak zusammen. Sirenen heulten, und Blaulicht zuckte vorbei, drüben, wo mal die Straße gewesen war, das Blaulicht fuhr sich fest und erstarb mit der Sirene, so abrupt.

Karin watete durch Steine und Holzplatten und Plastikplanen, vorbei an einem Rohr, einem halbvollen Topf mit Reis, in dem ein Seestern zwischen den Körnern schaukelte, einem dreibeinigen Hocker, und Eduards Bein wurde schwerer, es war heiß, wieder ein heißer Tag, schönes Wetter, sie hatten einen Ausflug machen wollen am Nachmittag, in das Städtchen, ein bißchen einkaufen, sie brauchten Sonnencreme und Eduard wollte Ansichtskarten schreiben, obwohl er das sonst nie tat, wer weiß, vielleicht hatte Gerda Recht und es gab doch eine andere, aber nein, das hatte Gerda gar nicht gesagt, vielleicht sollte sie Gerda anrufen und ihr erzählen, was passiert war, wer weiß, ob das in Deutschland überhaupt in den Nachrichten kam, die zeigten es doch immer erst, wenn es mindestens zehn oder zwanzig Tote gab, und bisher hatte Karin nur die zwei Frauen gesehen, aber da drüben schaute ein Arm aus dem Schlamm und Leute trugen andere Leute weg. Leute.

Karin zählte und kam auf acht, ohne Eduard. Das reichte noch nicht, aber so weit sie sah, stand kein Haus mehr und nur wenige der Palmen, wo sonst die blinde Souvenir-Verkäuferin ihre geschnitzten Männchen anpries. Wie kann sie das Geld erkennen, hatte Karin Eduard gefragt, aber der hatte nur gebrummt und einem jungen Serviceroboter mit dickem Hintern nachgegafft.

Sie würde die von der Ambulanz fragen, was sie mit dem Bein tun sollte, vielleicht konnte man es auf Eis legen, die nähten doch heutzutage alles wieder an, das Bein sah noch so gut aus, ein bißchen käsig, sie waren erst eine Woche hier und Eduard bräunte nicht so schnell, und die vielen Haare kitzelten sie am Hals.

»Entschuldigung«, sagte sie zu einem, der aussah wie einer der Männer von der Rezeption, nur schmutziger, aber der beachtete sie nicht, sondern ging mit ausdruckslosem Gesicht an ihr vorbei, in seiner Hand einen Wasserski. Jeder trug irgendeine Trophäe oder einen Schatz, jeder hielt sich an irgendetwas fest.

Es wurde jetzt sehr heiß, Karin schwitzte, ihr Schweiß roch bitter, stärker als das faule Wasser und das heiße Plastik, wenigstens stank es nicht, so wie es aussah, müßte es schrecklich stinken, aber noch stank es nicht. Bestimmt hatte das Meer auch Müll fortgespült. Überhaupt warfen die Leute hier alles einfach auf die Straße oder ins Meer. Sie hatten nicht dieses deutsche Gefühl für Sauberkeit, Vorurteile hin oder her, aber es stimmte. Das Meer hätte die ganze Unordnung fortspülen sollen.

Karin stellte sich auf ein herausgebrochenes Mauerstück, weiß auf der einen, hellblau auf der anderen Seite. Nein, ihr Bungalow war hellgrün gewesen, außen. Es war so heiß, sie sollte wirklich aus der Sonne.

Eduard würde das nicht gefallen, er war penibel, wenn er nicht getrunken hatte, bestand auf scharfe Falten in seinen Hosen und packte seinen Koffer selbst. Vielleicht aber nur, um Schnaps darin zu verstecken.

Warum war sie darauf nicht schon früher gekommen! Aber nein, hierher brauchte er keinen mitzunehmen, es gab doch genug. Jedenfalls war das für ihn eine willkommene Abwechslung, heute Abend beim Essen würde er sich über das Chaos hier auslassen und wie lange die Behörden brauchten, bis sie das weggeschafft hatten, so konnte man doch seinen Urlaub nicht verbringen. Er würde reden und reden und ernsthaft glauben, daß ihr dabei nicht auffiele, was er wieder alles trank.

Er konnte so naiv sein, und das als Abteilungsleiter und Vorgesetzter von dreißig Leuten. Heute Abend beim Essen würde es nur ein Thema geben, und die aufdringlichen Schmitzkes hätten wieder einen Grund, ihnen ihre Vorstellungen von Gott und der Welt aufzudrängen.

Schmitzke, allein der Name, so hießen doch nur Proleten aus dem Ruhrpott. Aber war sie so viel besser? Daheim würde sie auch von all dem hier erzählen, von der plötzlichen Welle und wie Eduard ... ach Gott, er lief ja ohne Shorts herum! Unter den Badeshorts trug er natürlich keine Unterhose, wie peinlich für ihn, er zeigte sich doch nie nackt, ging nicht in die Sauna und machte einen Bogen um jeden FKK-Strand.

Hastig blickte Karin sich um, ob sie ihn nicht doch irgendwo sah. Sie mußte ihm seine Shorts bringen. Auch Peinlichkeiten waren ein Grund, drei oder vier Cocktails zu viel zu trinken.

»Eduard«, rief sie und klammerte das Bein fester. »Eduard?«

Die Sonne setzte ihr nun doch zu, ihre Haare knisterten strohig unter ihren Fingern. Sie sollte sich beeilen, in den Schatten zu kommen, dort würde bestimmt auch Eduard nach ihr suchen; wenn er seine Shorts verloren hatte, war ihm vielleicht auch seine Baseball-mütze weggespült worden, und er war so empfindlich auf seiner Glatze, seiner sehr, sehr hohen Stirn, wie er den Kranz graublonder Haare nannte.

Es war so heiß, noch ein Grund zu trinken. Sie hatte auch Durst. Die Bar mit den gekachelten Wänden. Dahin würde sie gehen, aber zunächst mußte sie etwas ausruhen. Sie fand eine Stelle, direkt am

Wasser, wo der helle Sand noch nach Sand aussah, und setzte sich hin. Eduards Bein lehnte sie behutsam an einen kleinen, umge- kippten Kühlschrank. Sie brauchte Sonnencreme, und Eduard hatte die noch nötiger. Ein bißchen Sand würde es zur Not auch tun. Sie schürfte eine Handvoll nassen Sandes, klatschte ihn auf Eduards Bein und verrieb ihn sorgfältig. Sich mit Sonnenmilch einzuschmieren, das war so ziemlich das einzige, was sie in den letzten Monaten noch an Zärtlichkeiten ausgetauscht hatten. In den letzten Jahren. Sie rieb sich mit dem Rest des Matsches ein und winkte einem Asiaten, der am Wasser entlang hin und her rannte und offenbar etwas suchte.

Zum Glück hatte Eduard immer etwas Kleingeld in seinen Shorts. »Bring mir doch bitte einen Sonnenschirm«, rief Karin dem jungen Mann zu. »Und ein Palmblatt.«

Lächelnd winkte sie mit einem Geldschein. Die Haut um ihren Mund spannte schon, wo der Matsch hart wurde. Sie würde hüb- sch sein, wenn das Fernsehen kam.

Zu den Autoren

/ Gunter Gerlach / Geboren 1941 in Leipzig. Ausbildung an der Hochschule für bildende Künste in Hamburg. Mitglied der Gruppe »Hamburger Dogma«. Zahlreiche Arbeiten und Installationen im Bereich Visueller Poesie. – Schreibt vor allem Kriminalliteratur und Kurzgeschichten. Veröffentlichte u.a.: *Kortison* (1994), *Katzenhaar und Blütenstaub* (1995), *Loch im Kopf* (1997), *Die Allergie-Trilogie* (2000), *Ich lebe noch, es geht mir gut* (2001), *Der Haifischmann* (2003) und *Irgendwo in Hamburg* (2004 – alle erschienen im Rotbuch-Verlag). Zahlreiche Literaturpreise, darunter der Deutsche Krimipreis (1995) und der Friedrich-Glauser-Preis für Kurzgeschichten (2003). 3. Preisträger beim MDR-Literaturwettbewerb 2005

/ Margret Greiner / Aufgewachsen in Westfalen. Studium der Germanistik, Geschichte und Philosophie in Freiburg und München. Lehrtätigkeit in Baden-Württemberg, in Jerusalem und Peking. Lebt als freie Journalistin und Autorin in München. Veröffentlichungen zum israelisch-palästinensischen Konflikt, u.a. *Miss, wie buchstabiert man Zukunft?* (2003) und *Jefra heißt Palästina* (2005).

/ Harald Gröhler / Geboren 1938 in Hirschberg, lebt in Berlin und Köln. Trampfahrten durch Südeuropa und Kleinasien. Studium der Philosophie und Psychologie in Göttingen, Kiel und Köln. Tätigkeit als Literaturkritiker (u.a. WDR und FAZ) und Pressefotograf, danach Literaturveranstalter und freier Schriftsteller. Gastprofessur für Literatur und Literatursoziologie in den USA. Mitbegründer von »Quo vadis – Autorenkreis historischer Roman«. Veröffentlichte u.a.: *Wer war Klaus Störtebecker? Eine Spurensuche, Ausfahrten mit der Chaise. Eine Goethe-Novelle, Rot* (Roman), auch Theaterstücke und Lyrik. Übersetzungen seiner Bücher u.a. ins Englische, Russische und Französische. Mitglied des P.E.N. Verschiedene Literaturpreise und Verdienstorden der Bundesrepublik Deutschland.

/ Martin Gülich / Geboren 1963 in Karlsruhe. Studium des Wirtschaftsingenieurwesens in Karlsruhe. Planungs- und Softwareingenieur. Seit 1997 freier Schriftsteller. Von 2000 bis 2005 Leiter des Literaturbüros Freiburg. 2000 bis 2003 Mitherausgeber der Literaturzeitschrift Konzepte. Veröffentlichte u. a.: *Vorsaison* (Roman, Zu Klampen Verlag 1999), *Bellinzona, Nacht* (Roman, Zu Klampen Verlag 2001), *Bagatellen* (Kurzprosa, edition selene Wien 2003), *Die Umarmung* (Roman, Schöffling & Co 2005). 2003 erhielt er den Thaddäus-Troll-Preis und den 3. Preis im MDR-Literaturwettbwerb 2004 sowie den Publikumspreis. 2. Preisträger beim MDR-Literaturwettbewerb 2005

/ Michael Hametner (als Herausgeber) / Geboren 1950 in Rostock, lebt in Leipzig. Studium der Journalistik. Seit 1973 freier Autor für Fernsehen und Zeitungen. Arbeit als Hörspiel-, Literatur- und Theaterkritiker. 1976 bis 1982 und 1987 bis 1990 Leiter des Poetischen Theaters der Universität Leipzig. 1992 bis 1998 Mitglied der Jury für den Hörspielpreis der Kriegsblinden. Seit 1994 Literaturredakteur und Moderator der Reihe »Lese-Café« beim Mitteldeutschen Rundfunk. Initiator des MDR-Literaturwettbewerbs. Herausgaben u. a. der Anthologien »Das Beste aus dem MDR-Literaturwettbewerb«. Veröffentlichte u. a.: *Kleine Form des Theaters* (1986), *Kleine Leute. Das Leben des Schauspielers Fred Delmare* (1997, erweiterte Ausgabe 2002).

/ Silvio Huonder / Geboren 1954 in Chur, Schweiz, lebt in der Nähe von Berlin. Ausbildung 1983 – 1987 an der Hochschule für Musik und Darstellende Kunst in Graz, Österreich, 1990 – 1994 an der Hochschule der Künste in Berlin (Szenisches Schreiben). Veröffentlichte u. a.: *Adalina* (Roman, Arche-Verlag 1997), *Übungsheft der Liebe* (Roman, S. Fischer 1998); Theaterstücke u. a. *Der Holzfresser* (UA 1988, Zug, Schweiz), *Schneller wohnen* (UA 1996, Konstanz) und *Kino* (UA 2005, Dresden); Hörspiele u. a. *Feuerlilli* (1994, MDR), *Monsieur & Leontine* (1996, Deutschland-Radio Kultur). 1. Preisträger beim MDR-Literaturwettberb 2005

/ Kerstin Kempker / Geboren 1958 in Wuppertal. Studierte Sozialarbeit und leitete das Berliner »Weglaufhaus«, eine Kriseneinrichtung für Psychiatrieflüchtlinge. Mehrere Veröffentlichungen zur Psychiatrie. Seit 2002 freie Autorin. Teilnahme an Autorenwerkstätten u.a. im Literarischen Colloquium Berlin. Veröffentlichungen in Anthologien und Zeitschriften, u.a. *ndl* und *Konkursbuch*. – Preise im Harder Literaturwettbewerb, im Literaturwettbewerb »Ein Woyzeck fürs 21. Jahrhundert« und im OpenNet der Solothurner Literaturtage.

/ Johann Peter / Geboren in Mittel-Hessen. Freier Autor. Tätigkeit für Hörfunk (Literatursendungen des Hessischen Rundfunks). Entwickelt Literaturprojekte für Jugendliche und Erwachsene. Veröffentlichte u.a.: *Friedberg, Kreisstadt* (1990), *Landsonntag, englisch* (Geschichten, 1990), zuletzt erschienen die Lyrikbände *lauter leise leute* und *Consommé Althusius* (Nomen Verlag).

/ Konrad Roenne / Geboren 1979 in Rüdersdorf bei Berlin, lebt in Berlin. 1999–2005 Studium Linguistik und Bibliothekswissenschaft/Dokumentationswesen an der Humboldt-Universität Berlin. Veröffentlichte u.a. in *Globale Welten* (Jahreschrift, Berlin 2000), *Esch* (Magazin, Berlin 1999) sowie in den Zeitschriften *Aletheia* (Neues Kritisches Journal der Philosophie, Theologie, Geschichte und Politik) und *Sezession*.

/ Daniel Schöning / Geboren 1970, lebt in Bonn. Studium der Biologie, Chemie und Geographie an der Universität Bonn. 1999 Theaterleiter des preisgekrönten REX Lichtspieltheaters Bonn. Seit 1997 Mitglied der Gruppe »Literatur Bonn«. Veröffentlichte u.a. in der Anthologie *Erfindungen und Geborgenheiten* sowie Texte in Zeitschriften und im Internet.

/ Christoph Steier / Geboren 1979 in Bielefeld, lebt in Erfurt. 2000–2003 Studium der Literatur- und Kommunikationswissenschaft in Erfurt, danach Master-Studiengang Literaturwissenschaft in Erfurt und Dublin. Arbeit an der Promotion an der Universität Zürich. Veröffentlichte u.a. in Michael Zeller (Hrsg.) *Erfurt erfinden* (Weimar 2002) und in *Die politische Meinung* (2002) und *Die Rampensau* (2004).

/ Ulrike Ulrich / Geboren 1968 in Düsseldorf. Lebt in Zürich. Studium der Computerlinguistik in Münster und Bochum. 1999 Wechsel nach Wien an die »schule für dichtung«. Schreibt Kolumnen, Slam-Texte, Lyrik und Kurzprosa und mit anderen Autor Innen Drehbücher und Theaterstücke. Mitglied der Künstlergruppe »index« (www.index-art.net) und Gründungsmitglied der »Wiener Literaturgruppe ((laut))«. Veröffentlichte u. a. in *Palaver* (Verlaghaus N & C, Zürich 2003), *Hartmut Pospiech und Tina Uebel* (Hrsg.) *Poetry Slam 2003/2004*, (Rotbuch-Verlag 2003), *Literatur de Suisse* (Verlagshaus N & C, Zürich 2004). – Zahlreiche Preise und Poetry-Slam-Gewinne, u. a. in Bern (2001), Basel (2002) und Baden (2004) und zweiter Platz beim Poetry Slam Finale des Droschl Verlags in Wien (2000).

/ Stephan Waldscheidt / Geboren 1967 und aufgewachsen im Saarland. Diplom-Kaufmann. Lebt in der Nähe von Karlsruhe. Arbeitete als Produktmanager, Marketing-Spezialist, Webdesigner, Texter. Seit 2004 freier Schriftsteller. Auskünfte zur eigenen Literatur auf Websites www.waldscheidt.de und www.hartzkrieger.de. Veröffentlichte u. a.: *Weitgehend Höllenfahrten* (Erzählungen, Berlin 1999), in der Zeitschrift *Lose Blätter*, seit 2004 monatliche Kolumne im größten deutschen Autoren-Newsletter *The Tempest* (www.autorenforum.de).

Anmerkung des Herausgebers

Diese Anthologie präsentiert 12 Kurzgeschichten von Einsendern zum 10. MDR-Literaturwettbewerb, der am 9. Mai 2005 mit der Vergabe des Hauptpreises an Silvio Huonder abgeschlossen wurde. Der Wettbewerb ist ausgeschrieben für unveröffentlichte Kurzgeschichten, deren Länge auf 15 Leseminuten begrenzt ist (maximal 9500 Zeichen). Die Ausschreibung zum Wettbewerb wendet sich seit 2003 an Schriftstellerinnen und Schriftsteller aus dem gesamten Bundesgebiet, die bereits veröffentlich haben. Eine Auswahl bisheriger Veröffentlichungen muß angegeben werden. Um auch jüngere Autoren zu diesem Wettbewerb einzuladen, werden nicht nur Publikationen in Buchform gewertet, sondern auch Beiträge in literarischen Zeitschriften, Anthologien und Texte in Literatur-Portalen des Internets.

1996, im ersten Jahr des Wettbewerbs, nahmen 228 Autoren teil, am 10. Wettbewerb 1822, wovon 1731 nach der Ausschreibung als gültig gewertet werden konnten.

Eine Vorjury aus Schriftstellern, Literaturkritikern, Lektoren und Verlegern wählt aus den Einsendungen sieben Kurzgeschichten aus. Die Autoren treten im öffentlichen Wettlesen gegeneinander an. Eine zweite Jury entscheidet am Abend über den MDR-Literaturpreis. Die Endrunde wird live aus dem Haus des Buches in Leipzig im Hörfunk-Programm von MDR FIGARO übertragen. Der erste Preis ist mit 2500 Euro dotiert, ein zweiter mit 1500 und ein dritter mit 1000 Euro. Die Programm-Zeitschrift TRIANGEL veröffentlicht alle Kurzgeschichten, die in der Endrunde gelesen worden sind. Die Preisträger und Finalisten stellen ihre Texte auf einer Lesereise im Sendegebiet des MDR vor. Zu den bisherigen Leseorten gehörten u.a. Altenburg, Chemnitz, Köthen, Naumburg, Weimar, Wernigerode, Wittenberg, Zwickau und das Buchdorf Mühlbeck-Friedersdorf bei Bitterfeld.

Jede Jahresanthologie – von denen die vorliegende als Band 10 erscheint – versammelt die sieben Kurzgeschichten der Teilnehmer an der Endrunde, ergänzt um fünf weitere Texte, die von der Vorjury lange in ihrer Debatte für die Nominierung der Finalisten diskutiert wurden.

Alle eingesandten Manuskripte lagen bis zur Endrunde anonym der Jury vor. Für seine umsichtige organisatorische Unterstützung, die insbesondere die Anonymität der Einsender gewährleisten half, gehört an dieser Stelle Herrn Eberhard Scheerschmidt Dank gesagt.

Die Einsendemöglichkeit für den 12. MDR-Literaturwettbewerb beginnt am 1. November 2006 und endet am 31. Januar 2007. Ihre Kurzgeschichte schicken Sie bitte zusammen mit einer Kurzvita und Angaben zu bisherigen Veröffentlichungen an:

MDR FIGARO, Postfach 10 01 22 in 06140 Halle/Saale Kennwort: Literaturwettbewerb.

Informationen über den Wettbewerb erhalten sie auch im Internet unter www.mdr-figaro.de. Bestellungen anderer Bände der Reihe »Das Beste aus dem MDR-Literaturwettbewerb« beim Verlag Faber & Faber, www.faberundfaber.de.

Dieses Buch erschien auf Anregung und mit freundlicher Unterstützung des Senders MDR FIGARO // Copyright an dieser Ausgabe by Verlag Faber & Faber Leipzig 2006 // Die Rechte an den einzelnen Beiträgen liegen bei den Autoren // Gestaltung Michael Faber unter Verwendung eines Ölbildes von Annette Schröter // Gesetzt aus der »Stempel Garamond« im atelier eilenberger, Leipzig // Gedruckt bei Thomas Druck Leipzig // Gebunden in der Kunst- und Verlagsbuchbinderei Leipzig // Printed in Germany ISBN 3-936618-81-X

Dieses und andere Bücher finden Sie auch im Internet unter www.faberundfaber.de

Die MDR-Literaturanthologien

Noch lieferbare Titel

Dort begegnen Ihnen interessante Autoren u.a. Matthias Biskupek, Katrin Dorn, Tanja Dückers, Franziska Gerstenberg, Peter Gosse, Manfred Jendryschik, Rainer Klis, Henner Kotte, Erich Loest, Clemens Meyer, Joachim Nowotny, Gunter Preuß, Lutz Rathenow, Andreas Reimann, Landolf Scherzer, Maike Wetzel und viele viele andere.

Band 1
GRÜNER MOND
UND ANDERE ERZÄHLUNGEN
EUR 10,– / sFr 19,–
ISBN 3-932545-22-2

Band 2
DER TURMSPRINGER
UND ANDERE ERZÄHLUNGEN
EUR 10,– / sFr 19,–
ISBN 3-932545-23-6

Band 3
DAS ENDE DER NIBELUNGEN
UND ANDERE ERZÄHLUNGEN
EUR 10,– / sFr 19,–
ISBN 3-932545-24-9

Band 4
WENN DAS WASSER IM RHEIN
UND ANDERE ERZÄHLUNGEN
EUR 10,– / sFr 19,–
ISBN 3-932545-49-4

Band 5
VIDEOCLIP
UND ANDERE ERZÄHLUNGEN
EUR 10,– / sFr 19,–
ISBN 3-932545-65-6

Band 6

NIKITA
UND ANDERE ERZÄHLUNGEN
EUR 10,– / sFr 19,–
ISBN 3-932545-95-8

Band 7

ANTIGONES BRUDER
UND ANDERE ERZÄHLUNGEN
EUR 10,– / sFr 19,–
ISBN 3-936618-00-3

Band 8

DIE GRÜNEN HÜGEL AFRIKAS
UND ANDERE ERZÄHLUNGEN
EUR 10,– / sFr 19,–
ISBN 3-936618-25-9

Band 9

GESTERN MORGEN, HEUTE NACHT
UND ANDERE ERZÄHLUNGEN
EUR 10,– / sFr 19,–
ISBN 3-936618-53-4